JACQUARD

OUVRAGES

DE

A. DE LAMARTINE

Publiés dans la collection Michel Lévy

Antar	1	vol
Balzac et ses œuvres	1	—
Benvenuto Cellini	1	—
Bossuet	1	—
Christophe Colomb	1	—
Cicéron	1	—
Le Conseiller du peuple	6	—
Cromwell	1	—
Fénelon	1	—
Les Foyers du peuple	2	—
Geneviève, histoire d'une servante	1	—
Guillaume Tell	1	—
Héloïse et Abélard	1	—
Homère et Socrate	1	—
Jacquard. — Gutenberg	1	—
Jean-Jacques Rousseau	1	—
Jeanne d'Arc	1	—
Madame de Sévigné	1	—
Nelson	1	—
Régina	1	—
Rustem	1	—
Toussaint-Louverture	1	—
Vie du Tasse	1	—

Imprimerie D. BARDIN et Ce, à Saint-Germain.

JACQUAR

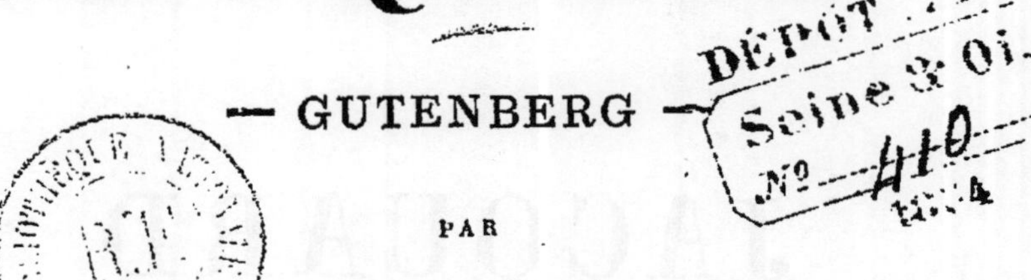

— GUTENBERG —

PAR

A. DE LAMARTINE

NOUVELLE ÉDITION

PARIS
CALMANN LÉVY, ÉDITEUR
ANCIENNE MAISON MICHEL LÉVY FRÈRES
3, RUE AUBER, 3

1884

JACQUARD

I

La première condition de l'histoire, c'est la vérité; la seconde, c'est la mesure dans l'appréciation d'estime et de gloire qu'elle décerne à ses héros. Nous ne voulons point faire un poëme ou un roman de cette humble vie passée devant un métier de brochage et devant des outils de menuiserie employés pendant soixante ans à perfectionner le passage de quelques navettes à travers la trame, et le jeu de quelques poulies entre quatre piliers ; nous ne voulons pas donner le nom de grand homme à un pauvre ouvrier en soie, homme simple, bon et utile, esprit sans autre horizon que celui de sa profession, sans autres lumières que les lueurs de sa lampe ; mais rêveur, ingénieux, obstiné à la découverte, acharné à l'invention, et doué d'un instinct si exclusivement mécanique, que des esprits supérieurs qui l'entendaient parler sur d'autres sujets que son métier, s'en allaient en disant de lui :

« Ce n'est rien, c'est une machine qui en a inventé une autre ! »

Nous n'en avons pas nous-mêmes d'autre idée ; nous ne le comparons ni à Triptolème, qui invente la charrue nourricière des hommes ; ni à ce Platon, qui invente des idées transformatrices des philosophes ; ni à Homère, qui invente des mondes fantastiques, des poëmes, des sentiments, des images, pour pétrir de larmes de pitié et de nobles passions le cœur humain ; ni à Archimède, qui invente des forces physiques capables de soulever des montagnes par la main d'un insecte ; ni à ce Phidias, qui invente le beau dans les formes des temples pour contenir le beau suprême dans l'idée, les dieux ; ni à Christophe Colomb, qui invente un monde ; ni même à Montgolfier, qui invente la navigation aérienne, dont les enfants de nos enfants développeront un jour les ailes et recueilleront les nouvelles civilisations.

Non, ce serait profaner la gloire et la reconnaissance du genre humain que d'appliquer le même mot à des inventions si différentes. Au grand homme, l'immortalité ; à l'homme simplement utile à ses semblables, l'estime de sa profession, de sa ville, de son époque, une ligne dans l'histoire de l'art : voilà tout ce qu'on lui doit et tout ce qu'on lui paye. Nous inscrivons ici le nom de cet artisan de Lyon, nommé Jacquard, pour montrer en lui aux artisans de tous les métiers manuels, si nombreux et si intéressants de nos jours, l'écueil et le modèle à la fois de l'ouvrier.

II

Disons tout de suite ce qui nous frappe dans la vie de cet homme.

Ce fut l'excès de la fatigue, de la misère, et la déchéance physique et morale de l'ouvrier industriel, qui forcèrent Jacquard à chercher quelque adoucissement à ce supplice de ses frères et à méditer soixante ans son invention. Ceci même est une première leçon qui sort de la vie que nous allons écrire. Cette leçon est de nature à bien faire réfléchir l'homme des champs, vivant du métier naturel, éternel et universel, la culture de la terre, avant de quitter ce métier des métiers, qui peuple l'univers, qui crée, qui nourrit sans limite les populations qu'il enfante, pour aller se jeter, au sein des villes, dans ces métiers industriels, précaires, passagers, chanceux, qu'un caprice fait naître, qu'un autre caprice anéantit, que l'invention d'une cheville ou le déplacement d'une bobine dans une mécanique à tissage supprime, et qui dévorent par milliers les populations, corps et âme, sous prétexte de les mieux salarier. Comparons, en effet, l'ouvrier de la terre à l'ouvrier de l'atelier industriel : la comparaison produit l'étonnement, quand elle ne produit par la pitié.

III

J'habite une contrée voisine de ce grand atelier moderne, de cette Sidon de la France, de cette Damas de l'Occident, qu'on appelle Lyon. Je connais bien la condition et les mœurs de cette *tribu de parias européens*, appelée *canuts*, par je ne sais quelle assimilation dégradante avec la canette, outil de leur métier, ou par je ne sais quel cynisme de langue, terme trivial qui semble porter en lui le sens de quelque infirmité de race ou quelque antique malédiction du sort.

D'un autre côté, je suis né et j'ai habité la plus grande moitié de ma vie parmi les paysans, dans un pays montagneux et pauvre, où le sol rare, mince, rocailleux, ingrat, ne produit que ce qu'on lui arrache. Je connais également bien la condition et les mœurs de l'ouvrier de la terre. Eh bien, daignez me suivre un moment en esprit dans l'atelier industriel de Lyon, ou dans l'atelier de Dieu, la campagne. Toutes les fois que j'ai fait par la pensée cette comparaison, je n'ai pu m'empêcher de répéter ce vers du poëte garçon de charrue, Burns :

> C'est l'homme qui a fait les cités,
> C'est Dieu qui a fait les campagnes !

IV

Entrons dans ce faubourg de Lyon. Les toits, noircis par la fumée des machines et par la vapeur des chaudières où l'on teint les laines et les soies, sortent à peine du brouillard de la rue ; on voit peser d'en haut, sur ces maisons, un miasme lourd, éternel, visible ; le vent frais qui suit le courant de deux fleuves s'efforce vainement de rejeter ces lambeaux de brume sur les collines. La brise du Rhône et de la Saône ne parvient à arracher au soleil que quelques rayons pluvieux qui semblent répugner à salir leur lumière par le contact de cette haleine immonde d'une ville de feu et de bruit.

A droite et à gauche de ce faubourg, artère malsaine d'un corps souffrant, s'élèvent des rues grimpantes, étroites, tortueuses, entrecoupées de degrés de pierre, bordées des deux côtés de maisons à quatre ou à six étages, qui se disputent l'air, le jour, et qui, n'ayant pas sur le sol assez de place pour s'étendre, montent les unes à l'envi des autres pour conquérir l'espace sur le ciel. Leurs murs noirâtres et tachés de teintes vertes sont percés de milliers de fenêtres sans balcons et sans entablements, où l'on n'aperçoit pas même le pot de fleurs, image consolante du monde végétal qui porte quelque souvenir ou quelque parfum domestique à la jeune fille, ou la cage de l'oiseau qui gazouille pour l'enfant. Le plus grand nombre de ces fenêtres n'encadrent pas même la feuille de verre, tamis de la lumière dans leurs châssis ; des feuilles de papier huilé et jaunies par la pluie remplacent les vitres, afin que la lueur trop vive du jour ne dévore pas les teintes de l'étoffe. Quelques-unes de ces feuilles de papier, crevées par la grêle ou par le vent, flottent en lambeaux à ces fenêtres ; elles rendent à l'oreille des passants ce cliquetis mort de feuilles sèches, seul murmure de ces ombres qui ne végètent pas ; elles impriment à ces maisons une physionomie d'indigence, de ruine et de catacombe qui serre le cœur dans la poitrine, et qui fait presser le pas au passant pour retrouver la lumiere et la vie. On n'entend sortir de ces demeures d'autre bruit que le bruit monotone et cadencé de la navette, des rouages et des poulies qui battent, grincent et sifflent à tous les étages, sans laisser au passant l'intervalle d'une respiration : on dirait le sourd et perpétuel froissement des muscles et des nerfs de bois de l'avarice et de l'industrie, remués par d'invisibles ressorts dans l'automate ou dans le squelette de la ville morte.

V

Si vous pénétrez dans une de ces maisons ou de ces fourmilières humaines, vous trouvez d'abord une étroite, longue et sombre voûte qu'on appelle une allée; une rigole humide et fétide la borde des deux côtés pour écouler la sueur de la maison dans le ruisseau de la rue. Vous glissez dans la fange toujours détrempée que les pieds boueux des habitants ou des visiteurs, les parapluies égouttés et les incuries banales entretiennent sans cesse dans ce supplément de l'égout, portique d'un cloaque. L'allée vous conduit à un escalier commun aux deux cents habitants qui peuplent cette demeure; ses marches, usées par le frottement des souliers ferrés, suintent, comme le pavé de l'allée d'une humidité fétide. A chaque palier, des portes entr'ouvertes laissent s'exhaler l'émanation souterraine d'autres égouts. A côté, et à l'odeur de ces immondices, huit à dix autres portes hermétiquement fermées ne laissent entendre à l'intérieur que des vagissements d'enfants, des impatiences de mères interrompues dans leur ouvrage par ces soifs de leurs mamelles. Ces bruits sont entrecoupés par le coup sourd des pédales du métier qui ne se repose jamais sous le pied de la jeune fille, du frère ou du père. Montez, redescendez, suivez les paliers et les corridors de ce labyrinthe sans guide. C'est partout le même aspect, la même mélancolie, le même murmure : vaste geôle du travail, dont on n'aperçoit pas les geôliers!

VI

Plongez-vous les yeux à travers une de ces portes entr'ouvertes par le fabricant qui vient inspecter l'étoffe, apporter le dessin, solder la semaine; vous apercevez des chambres nues dont presque tout l'espace est occupé par le métier, pilori de la famille. Des écheveaux de soie tapissent les murs; des piliers de bois, des cordages, des poulies, des fils, des bobines, des navettes, des cylindres, des cartons percés de trous, des contre-poids, des leviers, jouent à grand bruit sous la main de l'ouvrier accroupi devant sa trame, pendant que ses fils l'assistent devant un métier pareil, que ses filles font lever et baisser tour à tour, par un mouvement machinal, les soies tendues sur son cadre. Toute cette famille porte dans ses attitudes et dans ses traits l'empreinte de la profession sédentaire, renfermée, immobile ou torturée qui l'emprisonne dans ces cellules du travail : la taille courte, les jambes cagneuses, les genoux gros, les pieds longs, les épaules hautes, la poitrine rentrée, les bras grêles, les doigts maigres, les joues creuses, le teint hâve, les yeux ternes. La physionomie douce, mais sans virilité dans l'homme, sans attrait dans la femme, semble avoir contracté dans la monotonie et dans la réclusion de l'état une sorte de stupeur mécanique pétrifiée sur le visage. Les lèvres épaisses sont fendues par un ricanement trivial et triste ; les yeux gros, ronds, démesurément ouverts, semblent frappés d'un perpétuel étonnement. La voix est cassée. La langue même de cette race séparée du reste de la population par sa cohabitation exclusive avec elle-même ne ressemble plus à la langue qu'on parle dans la rue, elle a des idées, des mots, des jargons, des proverbes, des accents qui la rendent une langue morte, ou impénétrable pour le reste du peuple ; elle traîne comme la plainte, elle chante comme la captivité, elle se lamente comme l'éternel ennui de l'uniformité ; elle révélerait à elle seule une tribu souffrante entre toutes les tribus de la terre : tribu qui travaille à l'ombre comme le tisserand dans sa cave, dont le travail, toujours le même, n'exerce en rien l'intelligence ni le cœur, et réduit toute l'existence d'un homme à un seul geste éternellement répété depuis le berceau jusqu'à la mort.

Le canut se déplace à peine de son métier pour prendre son repas ; il mange son pain et sa salure sur le bord du banc ; il ne quitte sa trame pendant toute la semaine que pour se coucher. L'instrument de son salaire et de son supplice est toujours là devant ses yeux : c'est le dernier objet qui frappe sa vue quand il s'endort, c'est le premier objet qu'il aperçoit à son réveil. Sa femme et ses enfants n'ont pas d'autre horizon. A peine le jour pénètre-t-il à travers le brouillard du matin dans la mansarde, que chacun d'eux reprend autour de l'instrument la place et le fil de la veille, et que le gémissement des rouages et des poulies dans toute l'immense et noire caserne annonce à la rue qu'une nouvelle journée a recommencé pour le même peuple.

Le dimanche seul interrompt, d'un repos aussi régulier que la tâche, la monotonie de cette vie. L'ouvrier change de linge, s'accoude à sa fenêtre pour causer avec l'ouvrier des autres étages ou de la façade opposée. On les entend sans les comprendre. La femme, les filles, les frères, les apprentis sortent dans leurs costumes endimanchés ; ils se mêlent peu aux autres groupes de la population ; on les voit, sortant des églises, errer à pas lents, en famille, dans les rues, comme des étrangers, regardant tout d'un regard étonné de la lumière et du mouvement de la ville. Le soir, ils se répandent dans les chemins creux, dans les terres vagues des environs de Lyon ; ils s'asseoient sur l'herbe poudreuse, ou sur le sillon, ou sur le bord du chemin ; ils regardent mélancoliquement le coucher du soleil derrière les vertes collines de la Saône. Quelquefois la danse attire les jeunes gens et les jeunes filles ; le loisir attable le père et la mère dans les guinguettes exclusivement fréquentées par leur profession ; ils regagnent ensuite à pas lents la rue sombre, la chambre haute, et recommencent le lendemain la même alternative de travail et de repos.

Quelques-uns atteignent, à force d'années et d'économie sur leur pain de tous les jours une petite épargne qui leur permet d'acheter eux-mêmes un ou plusieurs métiers. Autour de ces métiers ils exploitent parcimonieusement le travail de leurs apprentis, comme les fabricants ont exploité leur propre jeunesse ; ils deviennent à leur tour fabricants: ils s'enrichissent; ils prennent rang dans la cité; ils dépouillent la veste brune du canut pour revêtir l'habit à longue basque du négociant; ils accumulent épargne sur épargne ; ils se naturalisent en deux ou trois générations dans la probe et laborieuse bourgeoisie de Lyon; ils y portent, ils y conservent de leur origine cette économie féroce qui est à la fois la vertu et le vice du travail enrichi. Ils n'apprécient pas l'homme, ils le numèrent. Ils ont un signe unique et cabalistique auquel ils mesurent tout ici-bas : la fortune. Rien n'existe pour eux que ce qui pèse dans la main et ce qui sonne sur le comptoir ; ils sont les idolâtres du métal ; l'or leur a tant coûté à acquérir, qu'ils regardent comme une impiété de le dépenser.

Mais ceux-là sont peu nombreux. Le plus grand nombre consomment à l'entretien de la famille le salaire des jours heureux ; puis lorsque le travail cesse et que le salaire tarit, les pères et les fils serrent leur ceinture autour de leur corps pour moins sentir le vide des aliments diminués. Ils se répandent en groupes indigents de femmes et d'enfants dans les rues de leur ville nourricière ou dans les campagnes lointaines du Forez ou de la Bresse ; ils chantent les tristes complaintes de la misère sous les fenêtres des riches ; ils mangent sans murmurer le pain de l'hiver jusqu'à la reprise des métiers. D'autres, parvenus à la vieillesse, toujours précoce chez eux, se lassent du travail, se livrent à l'intempérance, et meurent à la charge des hospices. On les ensevelit dans la fosse banale du faubourg; c'est une bouche de moins dans la famille, le métier continue à battre le lendemain. Et voilà une race d'hommes! Car telle était la vie de l'ouvrier de Lyon il y a à peine cinquante ans.

VII

La vie de l'ouvrier, de l'habitant pauvre de la campagne, est une vie humaine au moins, en comparaison de cette vie machinale de l'ouvrier en soie ou en coton des villes. Celui-là ne se dépayse ni de son sol, ni de son ciel, ni de sa maison, pour aller s'exiler entre quatre murs. Les racines de l'arbre sont aux pieds, les racines de l'homme sont au cœur. C'est beaucoup pour l'homme de n'être pas déraciné dans sa séve. L'ouvrier des champs grandit où il est né. Les sentiments et les habitudes de famille, de voisinage, de parenté, de pays, lui forment une atmosphère d'affections innées, cruelles à rompre, lentes à reformer. Il n'est pas contraint de se séquestrer de la nature physique, ce milieu nécessaire à l'homme pour que l'homme soit sain et complet. Il a le ciel sur sa tête, le sol sous ses pieds, le soleil dans ses yeux, l'air dans sa poitrine, l'horizon vaste et libre devant ses regards le spectacle irréfléchi mais perpétuellement nouveau du firmament, de la terre, du jour, de la nuit, des saisons, qui entretiennent sans paroles, mais sans lassitude, les sens, le cœur, l'esprit de l'homme de la campagne. Ses travaux sont rudes, mais ils sont variés; ils comportent mille applications diverses de la pensée, mille attitudes différentes du corps, mille emplois des heures et des bras: bêcher, labourer, semer, sarcler, faucher, planter des haies, bâtir des murs, élever, soigner, nourrir, traire des animaux domestiques, moissonner, battre les gerbes, vanner le blé, émonder, vendanger les vignes, pressurer le raisin, récolter les fruits du noyer ou du châtaignier, sécher les récoltes, les préserver pour l'hiver, irriguer les prairies, curer les écluses du moulin, pêcher les étangs, atteler, dételer les bœufs, tondre les moutons, presser le laitage des chèvres, couper le genêt ou la broussaille pour le foyer, réparer le chaume du toit, tresser le jonc, peigner le chanvre, nourrir le ver à soie, filer la laine pendant les jours de neige, ce sont là autant de travaux qui, en diversifiant le travail de l'ouvrier de la campagne, le lui font aimer, et changent la peine en intérêt et souvent en attachement passionné à l'œuvre.

Presque tous ces travaux s'accomplissent en plein air et en plein jour, santé et gaieté de l'homme. L'homme n'y est point machine, il est homme ; il y place son émulation, son orgueil, son adresse, sa force, son exactitude, son habileté; il y est actif et assidu mais il n'y est pas esclave. Il se sent libre, et il se déplace à son gré dans le vaste atelier rural ouvert à ses pas. Il y devient robuste, il y reste sain ; sans cesse aux prises avec les forces de la nature, il y exerce les siennes ; il a la fierté et le courage de sa liberté ; il est propre à tout. Quand il a grandi dans cette forte discipline des travaux champêtres, le sabre ou le fusil lui paraîtra léger après la charrue ou le pic ; il y est aussi propre à défendre son pays qu'à le fertiliser. Une empreinte de santé, de vigueur, de franchise, de liberté et de fierté modeste virilise ses traits. Il regarde en face, il marche droit, il parle haut, il respire à pleine poitrine ; il ne craint et il n'envie personne.

Placez à côté l'un de l'autre un ouvrier en soie de Lyon et un paysan de l'Auvergne ou des Alpes du même âge, et comparez l'homme à l'homme : l'un vous rendra fier, l'autre vous rendra triste d'appartenir à la race humaine, qui a produit tant de faiblesse à côté de tant de majesté.

VIII

La misère même des champs n'est pas la misère des villes manufacturières : on y souffre des privations, mais presque jamais le dénûment et la faim. Si le fils du cultivateur ne possède pas un petit héritage à cultiver, il se place toujours facilement ou comme serviteur ou comme journalier dans la ferme du métayer ou dans le champ du propriétaire. Serviteur, il peut économiser tous ses gages ; journalier, il peut épargner son salaire. La nourriture et le vêtement sont à si bas prix dans les campagnes, que ces premières nécessités de la vie sont presque gratuites pour le journalier sobre. En peu d'années il peut acheter un petit champ et s'y construire presque à lui seul son toit et son étable. C'est la situation de presque toutes les familles de cultivateurs dans les pays de montagnes. Deux ou trois mille francs de terre inculte suffisent pour abriter et nourrir le père, la femme et les enfants jusqu'à l'âge où ces enfants se placent eux-mêmes au service des propriétaires voisins pour gagner et économiser à leur tour. On meurt quelquefois de faim dans une ville, c'est un reproche légitime à la civilisation ; on ne meurt jamais de faim dans la chaumière du paysan. Il faut si peu de sol pour produire le pain d'un hiver, le maïs, la pomme de terre, la châtaigne, le sarrazin pour les poules, le trèfle pour la vache, le feuillage pour la chèvre, l'épine ou le bois mort pour le feu, la paille ou la litière, que le cri réel de la faim est presque inconnu. Quand le cri de l'indigence rurale s'élève, tout le monde est sur sa porte, le morceau de pain à la main ; car le paysan, avare d'argent, a le cœur ouvert pour l'assistance en nature à ceux dont il connaît la détresse. Mais cette détresse extrême et qui réclame des aliments n'atteint jamais l'ouvrier actif et sa famille ; elle ne se manifeste que dans des maisons dépourvues d'habitants valides, où quelque vieillard, quelque infirme, quelque veuve ou quelques orphelins sont restés seuls et abandonnés dans le foyer désert par 'extinctiou des fils, des pères, des maris, des parents morts. Ces indigences accidentelles ne dépassent jamais un ou deux sur cent de la population pauvre, et par conséquent, les forces d'assistance de la popula tion propriétaire y suffisent largement.

IX

Quant à la différence de bonheur physique et de bonheur moral entre l'ouvrier des chaumières et l'ouvrier des ateliers, on peut la mesurer d'un mot : c'est que l'un vit et meurt en communication avec la nature et avec Dieu, et que l'autre vit et meurt en cellule ; c'est que l'un a pour métier la terre, les plantes, les animaux aimants, les arbres, les eaux, le soleil, et que l'autre a pour métier quatre morceaux de bois et une trame sans fin entre les murs d'une prison à vie. L'un est comparable au pauvre insecte qui file sa soie et qui meurt; l'autre est un être qui s'incorpore par le regard et par la pensée à la création tout entière, et qui n'a rien à envier de ce que Dieu a donné à l'espèce humaine de durée, d'activité, d'intelligence, de sentiment, de sensations et de félicité. Comment se trouve-t-il cependant des générations qui se jettent de jour en jour davantage dans ces ateliers des villes pour recruter cette tribu de la soie et pour mourir sur leur métier? c'est ce que mon intelligence n'a jamais pu comprendre. C'est le

mystère de l'or, il faut renoncer à le sonder ; puis, les villes ont des courants invisibles comme la mer, qui entraînent les campagnes contre l'écueil.

X

Le père de Jacquard était un de ces hommes des champs, propriétaire aisé à Couzon, village de la banlieue de Lyon, où les excavations d'une montagne, au bord de la Saône, fournissent une pierre saine à larges blocs, rouge comme un granit égyptien, aux constructions de Lyon. Il quitta son petit domaine paternel pour s'enrôler dans la fabrique de la soie. Il ne s'enrichit pas ; il mourut jeune, comme meurent les ouvriers de sa profession; il laissa à son fils deux métiers pour héritage. Ce fils était Jacquard, destiné à immortaliser ce nom dans la cité.

Jacquard, dont l'intelligence était supérieure au labeur manuel dans lequel il avait été élevé, rêva très-jeune deux choses qui font rêver tous les hommes au matin de leur existence : l'amour et la renommée. Il aimait la fille d'un armurier de Lyon, ami de son père. L'armurier lui accorda la main de sa fille. Jacquard fut heureux. Claudine Boichon, c'était le nom de sa femme, rachetait, par sa grâce, par sa tendresse et par sa docilité aux imaginations un peu chimériques de son mari, l'absence d'une dot que son père l'armurier lui avait promise et que sa mauvaise fortune ne put lui donner. Peu importait à Jacquard qui ne voulait du mariage que le bonheur et le calme dont il avait besoin afin de poursuivre les inventions mécaniques, vocation innée dans sa nature ! Il s'endormait tous les soirs, il s'éveillait tous les matins avec un plan nouveau dans l'esprit pour simplifier ou perfectionner les outils de son art ou de tous les autres arts. Au lieu de sentiments et d'images, sa poésie se composait de leviers, de poulies, de ressorts, de cylindres, de rouages, qu'il mettait en mouvement dans ses pensées, auxquels il faisait accomplir toutes les œuvres de la main de l'homme. La poésie dans les artisans prend presque toujours les formes de la mécanique. Les mécaniciens sont les poëtes de la matière. Au lieu de poëmes et de drames, ils font accomplir des évolutions à des poids, à des contre-poids, à des roues, et, de même que les poëtes créent le mouvement de l'âme, les mécaniciens créent le mouvement de corps. Archimède et Vaucanson sont les Homère et les Virgile de cette poésie. Jacquard, à un degré inférieur, était de cette race créatrice.

Ordinairement le mécanicien ne peut rien sans la géométrie et les mathématiques ; ces sciences sont les chiffres de ses calculs et les termes par lesquels il exprime ses pensées. Mais les sciences, qui sont l'outil des esprits vulgaires, sont les servantes du génie. Quand il ne les a pas sous la main, il s'en passe, ou il les invente une seconde fois par sa propre force et pour son propre usage. Une vive et patiente imagination, ce don de la nature que les savants de profession affectent de mépriser, est la seule source de toutes les grandes inventions qui ont changé la face du monde matériel. Les plus belles machines sont sorties toutes vivantes de la tête d'un artisan, d'un berger, d'un moine rêveur, d'un potier de terre, d'un cardeur de laines, d'un matelot, d'un ouvrier en soie ou d'un forgeron ignorant, et non de la main des savants. Les ateliers ont enfanté en ce genre plus de chefs-d'œuvre que les académies. La machine des mondes elle-même, l'astronomie, n'a été dévoilée, décomposée et reconstruite pièce à pièce, astre par astre, que par des pasteurs de la Chaldée. Le hasard et l'imagination sont le père et la mère de l'invention; la science n'en est que la nourrice.

XI

Jacquard ne savait rien et créait tout. Causant un jour avec un coutelier de ses amis et remarquant qu'une lame de couteau passait par les mains de trois ou quatre ouvriers avant d'être adaptée au manche, il rêva un moment en silence devant l'établi de l'artisan.

« Que rêves-tu donc ainsi ? lui demanda le coutelier.

— Tu le verras demain, lui répondit Jacquard. »

Le lendemain, il apporta à la boutique de son ami le plan complet d'une machine qui faisait seule en cinq minutes l'ouvrage de quatre ouvriers en un jour. Le coutelier, trop pauvre pour faire exécuter la machine de Jacquard, se contenta de l'admirer et de la garder dans son atelier comme un chef-d'œuvre. Les apprentis la brisèrent à son insu quelques jours après, tremblant que l'invention du canut, en simplifiant tellement le travail, ne supprimât le salaire et la vie de milliers d'ouvriers en coutellerie.

XII

Quelque temps après, ayant appris que les villes maritimes de France et d'Angleterre avaient proposé, un prix à l'inventeur du procédé le plus économique pour les filets de pêche, Jacquard y pense tout un jour de dimanche, en se promenant seul dans la campagne. Le soir, il rapporte le problème tout résolu dans sa tête ; la nuit, il exécute le modèle de la machine à filets ; le lendemain, il présente cette machine à son fabricant. Ce fabricant éclairé, M. Pernon, détourna l'ouvrier de son invention peu productive, inclina ses méditations vers le perfectionnement des métiers à soie, dont la consommation universelle promettait à l'inventeur une gloire et une fortune sans limites.

XIII

Jacquard y rêvait depuis longtemps. Il avait été entraîné à ces efforts de son imagination par un plus noble motif que la fortune et la gloire, par la compassion fraternelle pour la misère et pour les souffrances des hommes, des femmes et des enfants qui disloquaient leurs membres et abrégeaient leur vie devant ces métiers imparfaits. De ce jour, il concentra ses pensées dans les combinaisons obstinées du métier à soie. Simplifier ce métier, véritable supplice physique de la classe nombreuse des ouvriers, des ouvrières et des enfants qui y étaient condamnés, ce n'était pas seulement servir l'industrie, c'était servir le genre humain.

Le travail de la soie, répandu depuis l'extrémité de l'Inde jusqu'au centre de la France, est le salaire et le pain de plusieurs centaines de millions d'hommes sur la face de la terre. Un imperceptible insecte, en filant son tombeau, a transformé, nourri, salarié, peuplé et civilisé un tiers du globe. Jamais l'économie politique 'eut, dans un plus petit artiste un plus vaste phénomène du travail à présenter à l'admiration des hommes. Arrêtons-nous un instant sur ce phénomène, pour apprécier mieux la portée de l'invention qui devait l'agrandir encore.

XIV

Le ver à soie se métamorphose quatre fois pendant sa vie de quelques semaines. Œuf, il éclot en dix jours, couvé par un rayon direct de soleil auquel il emprunte sans doute ses couleurs ; chenille, il revêt et dépouille trois ou quatre robes de nuances différentes en moins d'un mois, comme pour se parer lui-même des soyeux et brillants tissus qu'il se prépare à tisser pour nous ; ouvrier, il se file à lui-même un linceul pour s'ensevelir et y demeurer vingt jours caché à tous les yeux, pendant lesquels il accomplit sa mystérieuse incarnation sous une autre forme. Le vingtième jour, on voit se déchirer silencieusement ce linceul ou ce cocon ; une tête en sort, des ailes poussent, un papillon jaillit dans l'air, il cherche sa compagne pour perpétuer la vie de l'espèce par l'amour, cette immortalité de la création. La femelle pond des œufs semblables à une graine de fleur aérienne ; puis mâle et femelle meurent en même temps, assurés de revivre. L'homme arrive, il s'empare du sépulcre vide, entouré de son linceul jaune ou blanc; il l'humecte pour le décomposer, il le dévide, et voilà la soie.

XV

Au commencement, l'homme se contentait de recueillir ce cocon au pied de la plante sur laquelle l'insecte l'avait filé ; mais bientôt l'industrie, pour multiplier le précieux produit, s'empara de l'animal, étudia ses besoins, ses mœurs, son aliment, son travail, et s'associa à lui pour produire ensemble de plus nombreux échevaux de son fil d'or.

Ce furent les femmes dont les mains plus délicates se chargèrent de toucher sans les flétrir ces imperceptibles artisans de leur parure. Elles recueillirent les œufs ou la graine pour leur communiquer une température toujours égale, elles les couvèrent dans leur propre sein, elles les firent éclore ainsi à la chaleur de leur propre vie. D'autres les abritèrent et les abritent encore sous leur oreiller; elles leur cueillirent des feuilles vertes et tendres, propres à être facilement entamées par d'invisibles dents; elles virent les vers avec ravissement, après quelques semaines, extraire, comme l'abeille, de leur bouche une salive liquide et dorée sortant par deux orifices, se rejoignant et se solidifiant en un seul fil par la volonté de l'insecte, puis prenant à l'air la consistance d'une toile d'araignée se contournant en voûte ovale autour de la chenille, pour lui servir de nid, de vêtement, de voile, d'ombre, de couveuse ou de tombeau.

Après avoir admiré ce nid, les femmes le pesèrent; sa légèreté leur attesta la finesse de son tissu. Elles le dévidèrent; le dévidage leur montra sa solidité. Elles le mesurèrent; sa longueur les étonna par sa ténuité, le fil de soie d'un cocon s'étend sans se rompre jusqu'à près de mille pas d'homme. Voilà l'ouvrage d'un fileur un peu plus gros que le ciron. Bientôt ces femmes suppléèrent par des soins de toute espèce aux difficultés, aux maladies, aux saisons que des climats moins favorisés opposaient à l'éducation, à l'éclosion, à la nourriture de leur ouvrier naturel. Elles filèrent elles-mêmes cette nouvelle toison, et la soie commença à effacer dans l'usage et dans l'admiration des hommes toutes les autres toisons grossières que le chanvre, le lin, le coton, le duvet des plantes, les fourrures des animaux, avaient fournies jusque-là à leurs vêtements ou à leur luxe. L'invention de la soie tissée, de la soie teinte, de la soie brochée, devint une date dans l'existence de l'humanité.

XVI

L'Europe, comme toujours, fut la dernière partie du monde visitée par la nouvelle invention. L'Orient, berceau de toutes choses par droit d'aînesse dans le genre humain, en idée, en philosophie, en religion et dans les arts, posséda la soie avant nos ancêtres. Mille sept cents ans avant Jésus-Christ, les Chinois avaient découvert le ver à soie, planté le mûrier, fabriqué les tissus les plus merveilleux et les plus usuels avec le fil animal de l'insecte. Les Persans et les Indiens recevaient de la Chine par caravanes ces mystérieux brocarts dont ces peuples ignoraient la matière et qui tapissaient, au nombre de *trente mille tentures*, les palais babyloniens de Kosroès. Les Chinois, peuple de granit! qui connaissaient l'économie politique la plus raffinée avant que l'Europe soupçonnât seulement la portée de la moindre industrie dans la destinée des peuples, connaissaient parfaitement le prix de cet insecte pour leur prépondérance commerciale en Orient; ils en faisaient un mystère, comme plus tard, du thé; ils défendaient sous peine de mort, d'en dévoiler la nature, l'éclosion, le travail et d'en exporter la graine aux étrangers. Les Indes et la Perse seules s'éfforçaient de le naturaliser. Rome et ce petit espace autour de la Méditerranée que la vanité antique à appelé le monde romain, savaient à peine le nom de la Chine et n'avaient entrevu que quelques lambeaux de soie apportés par les Persans ou par les Parthes jusqu'à Tyr. Les femmes de Tyr, qui tiraient la pourpre des veines d'un autre insecte ou coquillage dont elles taignaient leurs laines, avaient vu avec stupeur ces échantillons de soie ; elles avaient pressenti que ces tissus détrôneraient la pourpre et qu'un insecte triompherait d'un autre. Cependant, par cette curiosité naturelle des femmes pour les objets qui peuvent relever la beauté, la vanité avait prévalu chez elles sur l'intérêt : les belles fileuses de pourpre de Tyr et de Sidon avaient éffilé les morceaux d'étoffe de soie que les marchands du golfe Persique leur avaient apportés de Chine ; elles les avaient filés et teints de nouveau; elles en avaient composé un tissu à mailles lâches, léger comme l'air, transparent comme l'eau de leur mer, mêlé de soie et de laine, pour la parure des reines. On appelait cette étoffe du *vent tissu.*

XVII

Les Chinois avaient gardé douze cents ans leur monopole avec leur secret. Ce ne fut que six cents après Jésus-Christ et dans la décadence de Rome, sous Justinien gouvernant l'empire à Constantiuople, que cet empereur parvint à arracher à la Chine ce trésor d'industrie et de civilisation. Alors la Chine était tolérante en matière de religion ; elle permettait l'introduction des nouvelles idées et des nouveaux dieux dans l'empire avec autant de libéralité philosophique qu'elle apportait de jalousie industrielle à interdire l'exportation de ses éléments et de ses procédés de travail en Occident. On y prêchait librement le Dieu des chrétiens. Justinien envoya en Chine deux moines persans de la religion du Christ, sous prétexte d'y répandre la nouvelle foi : leur véritable mission avait pour objet de découvrir et de rapporter en Europe le secret et la matière de la soie. Le commerce commençait à porter tout l'or de l'Europe et de l'Asie à la Chine, en Perse et aux Indes. Justinien s'alarmait de cet appauvrissement de l'empire, qui se ruinait pour un tissu.

XVIII

Les deux moines parvinrent à Péking, y résidèrent deux ans, surprirent la nature de l'insecte et les procédés de la fabrication; ils se procurèrent des œufs de vers à soie; ils enfermèrent cette graine dans deux bâtons creux qui leur servaient de contenance. Ils dérobèrent ainsi leur larcin aux soupçons des Chinois, revinrent à Constantinople, brisèrent leurs bâtons en présence de Justinien, et déposèrent la graine précieuse sur les genoux de la plus belle et de la plus artiste des femmes, l'impératrice Théodora, cette Cléopâtre de l'empire grec, digne berceau d'un insecte qui venait filer pour les femmes et pour les dieux la parure de la beauté et les ornements des temples.

Nous ne suivrons pas cet art plus loin que son berceau. Tout le monde sait avec quelle rapidité il se propagea dans le monde, et quels chefs-d'œuvre de tissus, de brochage, de richesse, de goût, de dessin, de couleur, de relief, il enfanta en Perse, en Syrie, en Italie, à Lyon. Les ouvriers en soie furent des lapidaires en étoffes; leurs œuvres eurent le prix de la pierre précieuse.

Puis l'art atteignit son apogée, le bas prix; et l'usage de la soie descendit des impératrices et des reines aux femmes et aux hommes des plus humbles conditions. Aujourd'hui c'est le vêtement et le pain de populations presque innombrables. Le mûrier croît pour nourrir l'insecte sur un tiers de l'hémisphère. Quatre cents millions d'hommes en Chine, cinq cents millions d'hommes au Thibet, dans les Tartaries, dans les Indes, quarante millions d'hommes en Afrique, trente millions d'hommes dans l'Asie-Mineure, vingt millions d'hommes autour de la mer Noire et dans les deux Turquies, des millions d'hommes dans les îles de l'Archipel, en Grèce, au Caucase, sur les rivages de l'Adriatique, vingt-six millions d'hommes en Italie, en Sicile, en Sardaigne, en Savoie, huit millions d'hommes en France, de Toulon à Lyon, plantent le mûrier, élèvent le ver, trafiquent de la soie, la produisent, la consomment, la fabriquent. C'est par milliards qu'il faut compter les ouvriers divers de cette agriculture et de cett industrie; le blé lui-même couvre sur le globe moins d'espace que l'ombre du mûrier.

XIX

Lyon, en France, et l'on peut dire maintenant en Europe, est la capitale du ver a soie. Son peuple routinier, sédentaire et laborieux comme l'insecte dont il achève l'ouvrage, répand en tissus dans l'univers ce que le ver à soie file en cocons; l'un suffit à peine au travail de l'autre. De tout temps, Lyon a été sans rivalité en Europe pour la perfection de ses métiers. Ses travailleurs, plus patients et plus économes, lui ont conquis et lui assurent, par la supériorité de la main comme par le bas prix, le marché de l'univers. Le travail ne tarda pas à y appeler le génie de la mécanique à son aide. La nature fit naître ce génie à sa porte dans Vaucanson, né à Grenoble au commencement du XVIIIe siècle.

Vaucanson était l'Archimède de la France; il aurait égalé celui de la Sicile, si l'invention de la poudre à canon en Chine n'avait pas substitué à la force mécanique pour la guerre une force chimique qui donnait à l'homme la puissance illimitée du volcan. Les premiers jeux de Vaucanson enfant furent des miracles; son imagination dédaigna d'imiter autre chose que le Créateur. Dans son *canard* qui nage, qui marche, qui barbote, qui vole, qui mange et qui digère; dans son *lutteur,* dans son *joueur de flûte,* et surtout dans son *joueur d'échecs,* il organisa des êtres automates pourvus de tous les muscles et de tous les mouvements de la nature, et auxquels il ne manquait que l'âme pour être animés. L'Europe cria au miracle et elle répète encore ce cri d'étonnement après plus d'un siècle.

Le gouvernement envoya Vaucanson à Lyon pour prêter son incomparable génie à un métier. Il fut nommé inspecteur des manufactures de soie. Disons la vérité, son génie était au-dessus de sa tâche. Ayant entendu les fabricants de la ville se plaindre de la difficulté de former des ouvriers capables de tisser et de nuancer les étoffes, il sourit et il inventa une machine mise en mouvement par un âne, qui tissait, brochait, nuançait toute seule aussi parfaitement que l'ouvrier le plus intelligent. Il pourvut les métiers à soie de tous les mouvements et de toutes les adresses de la main humaine. Tout ce que la fabrique du temps lui demanda pour son usage, il le lui prodigua sans mesure. Il mourut en laissant pour héritage à cette industrie des métiers qui portent son nom, et que des mains moins divines n'avaient plus qu'à retoucher pour leur adapter les perfectionnements réclamés par d'autres besoins. La gloire est le seul héritage du véritable génie, tel que celui de Vaucanson ; il ne faut pas la lui laisser dérober par des plagiaires.

XX

L'art de la soie en était là, quand le jeune Jacquard conçut l'idée de le perfectionner et surtout de l'économiser en supprimant quelques mains coûteuses et en ajoutant quelques rouages ingénieux qui dispensaient de l'application des enfants aux métiers de Vaucanson. L'entraînement de son imagination, ses essais, ses rêves, sa perpétuelle tension d'esprit pour découvrir des simplifications à son art, ses témérités entreprenantes qui font négliger à l'ouvrier le travail des mains pour les chimères de l'esprit ruinèrent en peu de temps sa modique fortune. Ses rivaux le raillèrent, ses amis l'accusèrent, sa femme seule le comprit et le consola. Elle lui avait donné un fils pour lequel elle rêvait elle-même la fortune et la gloire de son père ; elle croyait placer sa vie à un intérêt assuré et incommensurable en la sacrifiant aux études de son mari. Elle vendit, sans se plaindre, les deux métiers, ses bijoux et jusqu'à son lit, pour payer les essais et les dettes du pauvre artiste. Enfin le pain manqua au ménage. Jacquard fut obligé de quitter avec larmes sa jeune femme et son enfant au berceau, et de se placer à gages comme manœuvre chez un fabricant de chaux du Bugey pour chauffer son four. Sa femme entra comme ouvrière dans une fabrique de chapeaux de paille pour tisser la tige de riz et de seigle, de ces mêmes doigts qui avaient broché l'or, la soie et les fleurs sur les métiers de son mari, vendus à l'encan. Elle allaitait son fils.

L'histoire les perd longtemps tous les trois dans cet abîme de misère. On ne les retrouve que dix-sept ans après, pendant le siége de Lyon par l'armée républicaine de la Convention.

XXI

Lyon, comme toutes les villes de commerce, est une ville de mœurs républicaines. La mobilité des fortunes, destructive de toute aristocratie ; le sentiment de l'égalité, qui n'accepte de supériorité que celle du travail et du succès ; la haine du luxe, bien qu'elle ne vive que du luxe ; l'austérité de la vie, maintenue par l'économie autant que par la vertu ; l'estime du labeur personnel, titre et gloire de tous les citoyens ; l'éloignement des cours, la rivalité avec Paris, prédisposaient Lyon à la démocratie et à la révolution. Mais les révolutions sont toujours des sacrifices que le temps fait à l'avenir, et qui nécessitent de la part des peuples par qui elles s'accomplissent un grand désintéressement momentané. Les peuples pauvres sont presque seuls capables de ces grands mouvements d'idées et d'institutions qui bouleversent courageusement les vieilles choses pour en faire sortir des choses nouvelles. Les peuples riches se fatiguent vite à ce jeu, ruineux quand il n'est pas terrible. Ils se lèvent un moment en sursaut au cri de l'idée rénovatrice qui les éveille; ils font quelques efforts, et ils se recouchent promptement dans le lit du passé, reculant d'effroi devant la grandeur de l'œuvre.

Cet effet ordinaire des révolutions sur les peuples intéressés et vieillis est plus prompt encore quand les révolutions désordonnées, furieuses et sanguinaires demandent, le glaive à la main, des soldats au peuple, des dépouilles aux riches, des têtes aux partis. La Convention en était là. Lyon, qui tient à la propriété plus qu'à la vie, s'était soulevé, non contre la République, mais contre les spoliateurs et les bourreaux. Les armées de la République avaient juré d'anéantir ce foyer d'égoïsme, de modérantisme, et bientôt de royalisme, qui refusait d'accepter la tyranie du *Salut public.* Gentilshommes, prêtres, fabricants, ouvriers, peuple, prirent les armes et combattirent héroïquement, les uns pour leurs autels, les autres pour leur roi, ceux-ci pour leurs richesses. ceux-là pour leur travail. La lutte fut sublime, mais courte. Lyon succomba sous la France. Les délations, les vengeances, les assassinats politiques, l'inondèrent de sang par la main des proconsuls militaires et des proconsuls civils de la Convention.

XXII

Jacquard, qui était rentré à Lyon pour défendre ses foyers renversés et qui avait combattu avec ses concitoyens, se cacha, après la capitulation, dans l'atelier de paille de sa femme. Son fils, âgé de seize ans, s'engagea dans un des régiments que la Convention recrutait au sein de la ville conquise pour les faire marcher aux frontières. Ce jeune homme se fit donner deux enrôlements de volontaire au lieu d'un, et il porta le second à son père. Le père et le fils sortirent ainsi ensemble de la ville, changeant de cause et marchant au Rhin avec les républicains qu'ils venaient de combattre sur le Rhône. Dans un des premiers combats sur les bords du Rhin, un boulet de canon frappa le fils à côté du père. Jacquard, couvert du sang de son fils unique, l'ensevelit sur le champ de bataille, languit de douleur et de fatigue dans les hospices, obtint son congé et rentra dans sa patrie décimée par les vainqueurs.

Il ignorait jusqu'à l'asile où sa femme s'était réfugiée. Il la découvrit enfin dans un grenier des faubourgs, où elle étendait le linge des blanchisseuses pour gagner son pain. Elle partagea ce pain de mercenaire avec lui. Ils pleurèrent ensemble leur enfant, leur jeunesse, leur fortune, leurs espérances. La pauvre ouvrière mourut de chagrin, en encourageant toujours son mari à bien espérer de son génie et de la Providence.

XXIII

Jacquard, dans cette solitude et dans ce deuil, fit faire les derniers efforts de contention à son esprit. Il travaillait, le jour, comme simple ouvrier à la tâche chez un maître fabricant ; la nuit, il taillait avec son couteau les poulies et les bobines de sa mécanique. Assisté de M. Pernon, son patron, il la termina enfin en 1800 et en fit recevoir le modèle à l'exposition de l'industrie. Le jury lui décerna une medaille de bronze, « pour une machine, dit le texte, qui supprimait un ouvrier dans la fabrication des tissus brochés. »

XXIV

Jacquard, heureux d'être signalé par ce bronze à la gloire et à la fortune, se hâta de prendre un brevet d'invention, titre de propriété d'une idée qui lui en assurait le monopole. Cette machine de Jacquard, bien qu'elle ne fût pas adoptée encore par les fabricants, lui valut un certain degré d'attention et d'importance dans la ville. Le ministre de l'intérieur, Carnot, pour occuper les loisirs des députes de Milan à la consulte italienne péndant qu'ils attendaient le premier consul à Lyon, les conduisit chez l'ouvrier en soie, inventeur du nouveau métier. Jacquard, qui s'apprivoisait vite avec sa gloire, s'enivra de cette visite de deux nations dans l'atelier d'un pauvre tisseur de soie ; il songea au roi ramassant le pinceau du peintre ; il élargit son plan à peine ébauché à la proportion de l'attention publique. Il avait supprimé un ouvrier du métier, il songea à en supprimer un plus grand nombre. Le génie est une ambition insatiable comme toute ambition : quand on ne peut plus rivaliser avec personne, on rivalise avec soi-même.

Jacquard ne réfléchit peut-être pas assez, dans son enivrement, qu'il travaillait contre ses compagnons de peine, qu'en supprimant tant d'ouvriers il supprimait autant de salaires, et que la vie de milliers de ses co-salariés payerait le prix de son invention. Il se dit au contraire à lui-même, pour consacrer le bienfait de son œuvre, que ces milliers d'hommes, de femmes, d'enfants, cloués au métier antique, y subissaient des postures contraintes, y contractaient des difformités physiques, et qu'en leur arrachant leur navette il leur enlevait leur supplice. Cela était vrai ; d'ailleurs la gloire est ingénieuse à se créer des motifs d'humanité. Pour consacrer sa découverte à Dieu, il fit une neuvaine, prière votive à l'image de la Vierge vénérée sur une colline de Lyon, nommée Notre-Dame de Fourvières. Il monta neuf fois les degrés de la sainte colline. A son retour, il s'enferma de nouveau devant un modèle de machine de Vaucanson qui contenait en germe le développement de la sienne; il y fit un changement important au moyen duquel le fil de soie se présentait de lui-même au tisseur à sa place dans le tissu, et il supprima ainsi toute une catégorie d'ouvriers qu'on appelait les *tireurs de lacs*.

Il en fit un autre au moyen duquel le tisseur était averti de la couleur de la navette qu'il fallait lancer, et il supprima encore ainsi toute une classe d'ouvrières qu'on nommait les *liseuses du dessin.*

Trois ouvriers, deux ouvrières supprimés autour du métier nourricier dans une ville qui comptait alors vingt mille métiers, qui en compte aujourd'hui soixante mille, c'étaient des milliers d'ouvriers, ses compagnons de peine, rayés du livre des salaires, mais aussi du livre de vie.

Jacquard triompha. Il présenta son modèle aux autorités. Les autorités l'envoyèrent à Paris pour que l'empereur connût et récompensât dans cet homme le bienfaiteur de la fabrique nationale, qui, en abaissant la main-d'œuvre en France allait éteindre la concurrence de l'étranger et muliplier la consommation générale. L'empereur qui devait voir de loin, en masse et en perspective, les résultats, sans se préoccuper du déplacement momentané des existences, s'entretint avec l'inventeur, soupçonna un génie occulte sous cette rusticité apparente, et fit installer Jacquard au Conservatoire des arts et métiers pour y construire à loisir sa machine. La machine achevée, Jacquard fabriqua de ses propres mains, à lui seul, une robe d'étoffe magnifiquement brochée, dont il fit hommage a l'impératrice Joséphine. Le gouvernement lui accorda une pension de mille écus, à condition de ne fabriquer ses métiers que pour sa patrie.

XXV

Jacquard revint à Lyon populariser sa découverte, pour laquelle il conserva un privilége d'inventeur. Il offrit aux fabricants le moyen facile de s'enrichir en adoptant un métier qui se passait de tant de mains et qui réduisait tant de salaires. En peu de temps l'instinct du lucre triompha des routines, ces ennemies immobiles des inventions. Les métiers auxquels Jacquard donna son nom se répandirent dans la ville. Chaque métier nouveau adopté rejetait des ouvriers, des ouvrières, des enfants, des familles, sans navette et sans pain, dans la rue. On commença à s'apercevoir que la machine, miraculeuse pour le fabricant, était meurtrière pour le prolétaire. Le nom de Jacquard, d'abord élevé jusqu'aux nues, monta dans les murmures et dans les malédictions du peuple ; des groupes se formèrent pour briser ses machines et pour l'immoler lui-même aux ressentiments de ceux que son génie avait affamés.

— Voilà le traître, disaient en s'ameutant dans les rues des bandes oisives d'hommes,

de femmes, d'enfants exténués par la misère, qui ne s'est mêlé à nous que pour nous ravir, avec le secret de nos métiers, le pain qui nous faisait vivre ! il vend le peuple aux riches ! on le récompense de notre mort ! on lui paye le prix de notre sang ! que veut-il que nous fassions, nous, à qui on n'a appris depuis notre berceau que le métier qu'il démolit sous nos mains ? qu'il nourisse donc nos femmes et nos enfants, repoussés maintenant de porte en porte, ou qu'il meure, le destructeur du travail du peuple, de la même mort que nous !

Ces murmures, ces attroupements, ces imprécations injustes à distance, justes dans la faim, faisaient trembler et se cacher le pauvre inventeur. Reconnu et enveloppé un jour sur le quai du Rhône par un groupe d'ouvriers sans pain, il fut hué, renversé, traîné dans la boue jusqu'au bord du fleuve où il allait être précipité. La force publique l'arracha, déchiré et sanglant des mains de ces misérables. Il quitta la ville, consterné; il se réfugia à la campagne pour laisser passer l'orage et attendre que le travail eût repris son niveau, toujours suspendu après une découverte. Le nombre accru des métiers ne tarda pas à compenser le nombre des ouvriers supprimés dans chaque fabrique. Cependant quelques-uns moururent, d'autres s'exilèrent, et leurs successeurs profitèrent de l'invention : effet ordinaire des révolutions d'idées comme des révolutions de procédés industriels ! Jacquard, retiré du monde où il avait involontairement creusé un si grand vide et fait un si grand bruit, vieillit dans le silence, dans le repos, dans l'illustration, et peut-être aussi quelquefois dans la douleur des premiers résultats de sa découverte.

XXVI

Il avait acquis une petite maison et un jardin dans le village d'Oullins, près de Lyon, au bord du Rhône, en face des Alpes. Il pouvait entendre de là, quand le vent du nord soufflait, battre les innombrables métiers à soie auxquels il avait donné la forme, le mouvement, la vie. C'était sa postérité à lui. Il s'enivrait de ce bruit sourd de la ville qui lui devait la prééminence de son travail actuel sur toutes les manufacturières de l'Europe. Une servante fidèle et désintéressée, cette providence des vieillards, y soignait ses vieux jours ; c'était une ancienne amie de sa femme, nommée Toinette. La femme de Jacquard, en mourant, avait recommandé son mari à cette servante, comme un enfant qui aurait besoin de lisières jusqu'à la tombe, parce qu'il regardait toujours plus loin que ses pas et qu'il se heurtait à toutes les pierres; Toinette lui aplanissait la route et lui enlevait tous les soucis de la vie domestique. Jacquard n'avait rien à faire qu'à causer avec ses pensées vieilles comme lui, et toujours les mêmes. Il cherchait sans cesse à retoucher à sa machine. Il ne savait pas que le Tasse, en voulant refaire son chef-d'œuvre, l'avait défiguré, et que, quand le fruit plus ou moins mûr est tombé de l'arbre, l'arbre qui l'a porté n'a plus de sève à lui donner

XXVII

Il s'amusait à cultiver les plates-bandes de son jardin. La maison qu'il habitait à Oullins était celle que le poëte Thomas, amis de Ducis, avait habitée quelques mois avant sa mort, quand il était venu chercher sur cette colline du Rhône, exposée au soleil levant, un air plus tiède et un ciel plus serein qu'à Paris. Thomas avait médité ses derniers chants dans ces mêmes allées où Jacquard méditait ses dernières inventions mécaniques. Symboles tous les deux de deux siècles si différents, quoique de si peu d'années de distance : l'un cherchant des idées, l'autre des industries, l'un rêvant de la gloire, l'autre de l'or! La gloire et la fortune devaient les tromper tous les deux. Mais l'un et l'autre se ressemblaient par un sentiment plus élevé que l'or et la gloire, c'était un grand instinct de religion qui leur sanctifiait la vie et leur adoucissait la mort. Seulement leur religion était différente comme leur nature : celle du poëte et du philosophe Thomas était la religion de Platon, embrassant les mondes, écoutant les sphères épeler le nom universel et infini écrit sur chacun des rouages du grand mécanicien de la machine céleste ; celle de Jacquard était la religion du chrétien répétant avec une foi simple le symbole que lui avait enseigné sa mère, et reconnaissant une providence divine dans l'humble machine de ses doigts aidant un pauvre ouvrier à tisser le fil d'un insecte pour gagner sa courte vie.

On le voyait régulièrement assister au sacrifice matinal dans la petite église de son village. En sortant, il distribuait aux enfants pauvres les pièces de monnaie de cuivre de son modique superflu. Les villageois et les promeneurs de Lyon qui venaient le dimanche regarder par-dessus le mur de son jardin se montraient du doigt ce vieillard; ils le respectaient comme un grand homme, supérieur à leur nature, qui avait reçu autrefois du ciel une de ces grandes inspirations qui changent la face de la terre, inspirations qui consacrent l'organe que Dieu a choisi pour se manifester aux mortels par une découverte ou par une idée. Les voyageurs, les industriels, les savants qui passaient par la ville venaient de temps en temps frapper à sa porte et s'entretenir avec l'illustre inventeur. Ils s'en allaient étonnés de l'extrême simplicité et du peu de surface d'idées de cet homme élémentaire, qui n'avait eu qu'une pensée en quatre-vingts ans de vie.

Celui qui avait vu sa machine avait vu Jacquard. Il s'y était incorporé tout entier, sa conversation ramenait complaisamment les visiteurs sur le même sujet : automate sublime, qui n'avait eu qu'un mouvement de l'esprit pour fonction dans ce monde et qui le répétait sans jamais se lasser, toutes les fois qu'on posait le doigt sur le ressort !

Jacquard vécut jusqu'à quatre-vingt-deux ans. Il s'éteignit dans le sentiment de sa gloire. A peine mort, la reconnaissance du commerce qu'il avait enrichi lui éleva une statue et lui consacra une place publique dans sa ville natale. Il vaut mieux servir une industrie qu'une nation, et un intérêt qu'une idée, pour jouir vite de sa mémoire. Que de philosophes attendent la statue de l'artisan !

Le statuaire a bien rendu son image. Nous avons vu nous-même Jacquard dans sa vieillesse, et nous avons pu comparer l'homme et la pierre.

XXVIII

C'etait un homme d'une taille forte, mais affaissée sur elle-même par l'habitude du labeur des mains et par la fatigue de l'esprit. Il avait quitté le costume du travail ; il était vêtu de la tunique de drap du loisir, vêtement flottant à larges plis sur le corps, et dont les longues basques descendant jusque sur les talons semblent attester avec un certain orgueil prolétaire, par l'inutile prodigalité de l'étoffe, l'aisance chez un artisan enrichi. Il penchait la tête sur une de ses épaules ; il baissait le front en avant, mais il soulevait ses yeux pour regarder avec une modestie secrètement satisfaite celui qui le saluait en passant. Son front était vaste, ses yeux larges, sa bouche épaisse et déprimée aux coins des lèvres, ses joues caves, son teint ligneux comme celui de l'ouvrier qui vit à l'ombre. Une langueur triste et méditative était l'expression dominante de sa physionomie, soit contention d'esprit, soit empreinte ineffaçable des premiers malheurs de sa vie, soit amour-propre longtemps souffrant de l'inventeur qui ne triomphe que tard, et quand le triomphe se confond presque avec le tombeau. Cependant un sentiment visible de son mérite éclatait sous cette mélancolie et sous cette ombre du visage. Il jouissait d'être regardé; il était flatté des hommages et des caresses des riches fabricants qui avaient été ses maîtres et dont il était devenu le supérieur; il contemplait ses titres comme un anobli. Ses médailles de bronze à l'Exposition, ses brevets d'invention, ses correspondances avec les ministres, ses modèles, sa machine, étaient groupés sous ses yeux. Il étalait avec complaisance sur son habit le large ruban rouge et la croix de dimension inusitée, décorations civiles qui le faisaient distinguer dans la foule. On voyait le juste orgueil du vétéran qui se pare de son insigne pour rappeler à lui-même et aux autres ses services. Un peu de vanité anticipait sur la gloire; vanité bien naturelle à l'homme d'obscure condition qui se trouve tout à coup placé en évidence et ébloui par son propre éclat. Mais la bònté, l'humilité chrétienne et la tristesse tempérèrent l'amour-propre de Jacquard; son contentement de lui-même n'offensait ni ne méprisait personne. Seulement, on lui avait tant dit qu'il était un grand homme qu'il l'avait cru : il n'était qu'un grand mécanicien. Il se plaignait quelquefois de l'ingratitude des hommes. Sa machine lui paraissait un monument; ce n'était qu'un service, ce service était récompensé par l'aisance, les honneurs, la considération, le repos, et par une statue en perspective. Il y avait là de quoi attendre cette immortalité que Jacquard avait enlevée à Vaucanson, et qui durera jusqu'à ce qu'un autre, en découvrant un procédé plus perfectionné et plus économique, lui enlève la sienne à son tour. Ainsi va le monde! *Sibi lampada tradunt!* dit Lucrèce (1).

(1) Au moment où nous écrivons ces lignes, nous lisons dans les journaux d'Italie qu'un Milanais, nommé Bonelli, vient d'inventer une machine mue par l'électricité, qui tisse d'elle-même la soie, et qui supprimerait celle de Jacquard.

XXIX

Ce service, quoique estimable et réel au fond, était conteste amèrement par ces masses d'ouvriers et d'ouvrières dont il avait, sans le vouloir, arraché l'outil de la main et le pain de la bouche. C'est une terrible question que celle des machines : l'inventeur, qui est un bienfaiteur à distance, est un ennemi de près. Sans doute, celui qui enrichit le genre humain d'une force et d'une adresse de plus, par l'invention d'une mécanique, double la puissance des arts, des industries, des métiers, multiplie le travail, la production, la consommation, la richesse, la population, et mérite bien de l'humanité ; les inventeurs sont les révélateurs de la matière ; on leur doit et on leur décerne presque des autels. Mais, au moment où ils apportent leur machine au monde, ils déshéritent, sans le vouloir, des mains humaines qui étaient employées en nombre incalculables à faire le métier qu'ils vont faire faire à des rouages inanimés. Que deviennent ces mains ? Elles se sèchent sur l'outil, désormais inutile, de leur métier perdu pour jamais. Celui qui a inventé la première machine à filer le coton ou la laine a tué plus de monde qu'une épidémie. La quenouille nourrissait et consolait la moitié du genre humain : les femmes filaient dans les campagnes depuis le berceau jusqu'au tombeau. Ce salaire modique, mais continu et universel, vêtissait, soulageait, nourrissait surtout la vieillesse des pauvres mères de famille ; le machiniste les a rendues un fardeau onéreux dans les chaumières du peuple pauvre, il a abrégé et attristé leur vieillesse. Ce travail sédentaire et ce pain de surérogation sont supprimés : elles n'ont qu'à mourir. On inventera d'autres travaux ? dit-on, et c'est vrai ;

mais, en attendant, des générations auront souffert, gémi, péri, en maudissant le machiniste. La divine machine humaine n'a-t-elle donc pas le droit d'être protégée et de gémir aussi quand on la brise?

XXX

Il en est des inventeurs de machines industrielles comme des inventeurs de vérités religieuses, politiques ou morales : ils sont les grands révolutionnaires de la matière. Toute révolution est un déplacement d'idées ou un déplacement d'intérêts; tout déplacement écarte violemment quelque chose qui était pour faire place à quelque chose qui doit être. L'avenir n'avance qu'en foulant sous ses pieds le passé. Aussi ces révolutionnaires, quelque bienfaisants qu'ils soient dans la perspective éloignée des temps, sont maudits à l'heure où ils vivent. Triste mais fatale condition de notre pauvre humanité : stupide si elle ne marche pas, cruelle si elle marche! Il semble que Dieu ne lui ait laissé que le choix entre les deux calamités de ce déplorable dilemme : rester perpétuellement stationnaire en laissant subsister le mal, ou être perpétuellement révolutionnaire en accomplissant le bien!

Nous nous trompons : la puissance de la raison publique et la puissance des grands États modernes ont mis dans les mains des peuples et des gouvernements un moyen de concilier, sans iniquité et sans cruauté pour personne, les intérêts des progrès moraux et industriels et les intérêts des classes dépossédées par l'idée ou par l'invention nouvelle. Ce moyen, c'est le ménagement lent et équitable des transitions; c'est l'expropriation pour cause de vérité ou d'utilité publique; c'est la mesure dans le progrès; c'est l'indemnité nationale faisant porter sur tous les frais du déplacement de système ou du déplacement d'intérêt pour quelques-uns. Ainsi, quand la vérité et la justice ont dit : « Il faut que l'esclavage des noirs cesse dans la loi française et que l'homme n'y reconnaisse plus un esclave dans la créature de Dieu ! » nous avons évalué le prix vénal de nos trois cents mille esclaves de nos colonies, et nous avons dit au colon : Tiens, voilà ton argent ; rends-nous l'homme !

FIN

GUTENBERG

I

L'imprimerie est le télescope de l'âme. De même que cet instrument d'optique, appelé *télescope*, rapproche de l'œil, en les grossissant, tous les objets de la création, les atomes et les astres même de l'univers visible;

ainsi l'imprimerie rapproche et met en communication immédiate, continue, perpétuelle, la pensée de l'homme isolé avec toutes les pensées du monde invisible, dans le passé, dans le présent et dans l'avenir. On a dit que les chemins de fer et la vapeur supprimaient la distance ; on peut dire que l'imprimerie a supprimé le temps. Grâce à elle, nous sommes tous contemporains. Je converse avec Homère et Cicéron, les Homères et les Cicérons des siècles à naître converseront avec nous, en sorte qu'on peut hésiter à prononcer si une presse n'est pas autant un véritable sens intellectuel, révélé à l'homme par Gutenberg, qu'une machine matérielle. Il en sort sans doute du papier, de l'encre, des caractères, des chiffres, des lettres qui tombent sous les sens, mais il en sort en même temps de la pensée, du sentiment, de la morale, de la religion, c'est-à-dire une portion de l'âme du genre humain.

Avant de parler de l'inventeur, examinons le phénomène.

II

Ce qui constitue l'homme, ce ne sont pas seulement les sens; car les brutes ont des sens comme nous, et quelques-unes même en ont d'infiniment plus délicats, plus forts, plus infaillibles que les nôtres. Ce qui constitue surtout l'homme, c'est la pensée. Mais, tant que cette pensée ne se révèle pas à elle-même et aux autres par la parole, elle est en nous comme si elle n'etait pas.

Si la parole n'est pas la pensée, elle en est la manifestation nécessaire et simultanée. Tant qu'un homme n'a pas pu dire : « Je pense ! » il n'a pas pensé, il a rêvé, il a eu des instincts, il n'a pas eu des idées ; il a été intelligence sans doute, mais intelligence captive et endormie dans la surdité et dans la nuit des sens, semblable au feu qui dort dans la poudre, mais qui n'en sort pas avant que l'étincelle, en s'approchant, lui donne la flamme, la lumière et la liberté.

L'étincelle qui donne à la pensée sa flamme, sa lumière, sa liberté, son activité dans l'homme et dans l'espèce humaine c'est la parole, c'est le *verbe*, comme l'appelaient les anciens qui, sous ce nom, faisaient d'une faculté véritablement divine quelque chose d'intermédiaire entre l'homme et Dieu. Ils avaient raison : la parole est la révélation de l'âme à l'âme. Or, quel autre que Dieu pouvait faire à l'âme son ouvrage et son mystère, cette révélation d'elle-même ?

Aussi penchons-nous à croire que la parole n'est pas née d'elle-même sur les lèvres de l'homme primitif comme un balbutiement de hasard, attachant, de siècle en siècle, quelques significations vagues à quelques sons inarticulés, et donnant aux autres, sur le son, sur l'enchaînement, sur la signification de ces vagissements humains, des leçons qu'il n'aurait pas reçues lui-même.

Pour arriver ainsi de ces vagissements instinctifs à la parole, de la parole à la convention unanime du sens des mots, du sens de quelques mots au verbe et à la phrase, du verbe et de la phrase à la syntaxe logique, de cette syntaxe à la langue de Moïse, de David, de Cicéron, de Confucius, de Racine, il faudrait supposer au genre humain plus de siècles d'existence sur ce globe de boue qu'il n'y a d'étoiles visibles ou invisibles dans la voie lactée; il faudrait lui supposer aussi des siècles sans nombre d'abrutissement, pendant lesquels, lui genre humain, être essentiellement moral et intellectuel, il aurait vainement cherché, semblable aux brutes, son instrument de moralité et d'intelligence, sans pouvoir le trouver qu'après des myriades de générations sans parole et par conséquent sans intelligence et sans moralité. L'humanité sourde et muette pendant cent mille ans!... Je craindrais de blasphémer en croyant à ce mystère.

J'aime mieux croire à l'autre, c'est-à-dire au mystère paternel du Créateur inspirant lui-même aux lèvres de sa créature enfant, la parole, le verbe, le mot, l'expression innée qui, sur la vue, nomme les choses du nom approprié à leur forme et à leur nature; car nommer les choses de leur vrai nom, c'est véritablement les recréer.

Oui, il a dû enseigner la première parole et la première langue, celui qui a fait l'intelligence et le sentiment pour se communiquer, la poitrine pour faire raisonner le son de toutes les fibres tendues et émues de nos passions comme un clavier intérieur, toujours complet, que nous portons en nous; celui qui a fait la langue pour articuler, les lèvres pour prononcer, la voix pour porter au dehors l'écho de l'âme.

Des débris de cette première langue parfaite et décomposée par quelques décadences intellectuelles, se seront recomposées les autres langues diverses et imparfaites, comme les pierres d'un temple écroulé rebâtissent lentement, dans le désert, quelques abris pour la caravane.

III

La parole donnée, trouvée ou inventée, il y avait encore des siècles à traverser avant d'arriver à cet autre phénomène: renfermer la pensée immatérielle et invisible dans des signes visibles et matériels, gravés sur une substance palpable.

Ce phénomène, c'est l'écriture.

L'écriture transporte d'un sens à l'autre la pensée.

La parole communique la pensée de la bouche à l'oreille par le son; l'écriture saisit le son insaisissable au passage, le transforme en signes ou en lettres, et communique ainsi la pensée de la main aux yeux.

Les yeux la communiquent à l'âme par cette relation à jamais mystérieuse qui existe entre notre intelligence et nos sens, et voilà la parole devenue visible et palpable, d'invisible et d'immatérielle qu'elle était.

Y a-t-il miracle comparable à celui-là?

On ne sait, en réalité, qui a inventé l'écriture. Tout ce qui est presque divin est anonyme. Il n'est pas donné à un homme d'attacher son nom personnel à une découverte qui est évidemment collective et qui appartient à l'humanité tout entière; mais ici ce sont incontestablement des hommes qui ont agi, et non Dieu lui-même.

Une fois la parole admise en fait, il n'y avait qu'à la transposer de l'oreille aux yeux. C'est là une œuvre difficile; mais, enfin, c'est une œuvre humaine.

Par l'écriture, la parole acquérait deux qualités inséparables qu'elle n'avait pas tant qu'elle n'était que parlée et fugitive comme le son. La parole écrite acquérait la perpétuité et la transmissibilité; elle devenait ainsi éternelle et universelle. On pouvait la conserver toujours et on pouvait l'entendre partout.

IV

Aussi, du jour où la parole fut écrite, le genre humain, en perpétuel entretien avec lui-même malgré la distance et malgré la mort, accomplit-il des progrès immenses et presque non interrompus de civilisation. Il devint, comme Dieu, présent à tous les temps. Il s'enrichit du passé, il cultiva le présent, il élabora pour l'avenir. Il écrivit ses idées, ses chants, ses histoires, ses lois, ses sciences, ses arts, ses religions, sa terre et son ciel. Il immobilisa, pour ainsi dire, ses idées fugitives, et il en fit les manuscrits des institutions.

La civilisation de telle ou telle contrée du globe se résuma presque partout en une seule manifestation : *le Livre!* L'univers ne fut plus que *Bibles.* Zoroastre, Moïse, Confucius, Mahomet, eurent autant de livres, autant de civilisations, autant de morales, de législations, de philosophies, de dogmes, de théologies s'emparant tour à tour du monde ou se le disputant pour le posséder. Et maintenant le monde appartient au livre le plus saint et le plus universel.

Un million de mains prirent le roseau de l'Égyptien, la plume du Grec, le style du Romain, le papyrus, l'écorce du palmier, le parchemin du moyen âge, le papier de l'Européen, et se pressèrent de graver en toutes langues la parole devenue objet de foi pour l'esprit, objet de commerce pour l'art, objet de transport pour les industries. Les manuscrits se multiplièrent dans une proportion incalculable sur la terre.

La Chine, notre aïeule en toute invention, possédait seule, avec une langue trois fois plus parfaite que les nôtres, une espèce de stéréotypie ou d'imprimerie qui vulgarisait, parmi ces innombrables populations, les idées, la morale, les lois, la religion.

Partout ailleurs, c'était la main de l'homme qui était la seule machine de l'esprit.

La profession des copistes était une des plus nombreuses, des plus honorées et des plus lucratives. Des libraires entretenaient des milliers de copistes, revendaient leurs copies, leur en donnaient le salaire et faisaient un bénéfice sur la pensée. Il y avait à Rome, et dans les grandes villes de la Grèce et de l'Asie, des quartiers particuliers où ce faisait ce trafic des idées et de la parole écrite. Les riches avaient des esclaves d'élite, achetés plus cher et traités plus familièrement que les autres esclaves, qui étaient exclusivement consacrés par eux à copier les ouvrages célèbres de l'antiquité et de leur temps pour leurs bibliothèques. Le gouvernement en entretenait un grand nombre pour ses édits, les orateurs pour leurs discours. Plus tard, sous le Bas-Empire, ce furent les eunuques, race à la fois dégradée et privilégiée, qui copiaient à Byzance, les chefs-d'œuvre de l'antiquité grecque, latine hébraïque. Enfin, ce furent les moines, copistes volontaires, qui, dans le silence de leurs couvents, se consacrèrent à cette multiplication de la parole sacrée ou de la parole profane en copiant et en recopiant ces millions d'exemplaires de la Bible, de l'Évangile et des auteurs illustres de l'antiquité, à la renaissance des lettres.

Comme les esclaves et comme les eunuques, ce moines, logés, nourris et vêtus gratuitement dans des monastères fondés et dotés par la munificence des rois, des seigneurs de terre ou des fidèles, pouvaient donner à des prix très-modiques la publicité aux ouvrages d'esprit. Ils n'avaient pas besoin de salaire, puisque leur ordre religieux, enrichi des dons et des domaines de la religion, pourvoyait à tous leurs besoins.

Bientôt ces manuscrits, occupation de leur loisir pour les moines, profession manuelle et commerciale pour les laïques et pour les clercs, devinrent un objet d'art qui enfanta des chefs-d'œuvre de patience, de calligraphie, de miniature, de dessin à la plume, de coloration au pinceau.

L'art de l'imprimerie, quelque perfectionné qu'il soit aujourd'hui, n'a pas égalé encore et n'égalera peut-être jamais quelques-uns de ces manuscrits sur les pages desquels, comme sur des temples de Jérusalem, de Rome ou de Cologne, se sont usées des milliers de mains et consumées successivement des vies entières de religieux ou d'artistes.

Néanmoins ce mode de reproduction de la parole écrite avait toujours deux immenses infériorités sur l'imprimerie. Il était lent, et il était cher; il ne produisait pas suffisamment de copies pour les besoins d'une consommation indéfinie de lecteurs, et les riches seuls pouvaient avoir des bibliothèques.

Les clartés de l'esprit étaient le privilége de l'Église, des princes, des cours et des heureux de la terre; elles ne descendaient pas dans les dernières zones du peuple. La tête de la société était dans la lumière, les pieds dans l'ombre. Une autre faculté manquait à la parole écrite, la rapidité.

Le journalisme, qui la porte avec la promptitude du rayonnement, en quelques heures et en petit volume, d'une extrémité d'un empire à l'autre, ne pouvait pas exister. La parole était livre, jamais page; elle ne se monétisait pas de manière à circuler de main en main dans tout l'univers comme l'obole du jour; il y avait de grands vides et de longs silences dans l'entretien de l'esprit humain avec lui-même. Les progrès de la vérité, de la science, des lettres, des arts, de la politique, étaient lents et suspendus pendant de longues périodes.

V

Tel était encore, en 1400, l'état de la parole humaine. Il fallait une révolution de la mécanique pour préparer les innombrables révolutions de la pensée que la Providence se réservait d'accomplir dans le genre humain par la main d'un mécanicien obscur; et ce qu'il y a de remarquable, c'est que ce mécanicien, comme s'il eût été prophétiquement inspiré par la Providence, n'opéra pas ce prodige par hasard ou par cupidité, comme tant d'autres inventeurs. Non, il l'opéra par la piété et avec la passion sainte et la conscience pressentie de ce qu'il voulait accomplir. Il se dit, dès ses plus tendres années :

« Dieu souffre dans des multitudes d'âmes auxquelles sa parole sacrée ne peut pas descendre ; la vérité religieuse est captive dans un petit nombre de livres manuscrits qui gardent le trésor commun, au lieu de le répandre. Brisons le sceau qui scelle les choses saintes, donnons des voiles à la vérité, et qu'au moyen de la parole, non plus écrite à grands frais par la main qui se lasse, mais multipliée comme l'air par une machine infatigable, elle aille chercher toute âme venant en ce monde! »

VI

Cet homme, qui se disait à lui-même ces belles paroles et qui se posait ce problème pour le résoudre ou pour mourir à la peine, c'était Gutenberg.

Jean Gensfleich Gutenberg de Sorgeloch était né à Mayence, ville libre et opulente des bords du Rhin, en 1400. Son père, Friele Gensfleich, épousa Else de Gutenberg, qui donna son nom à son second fils Jean.

Il est probable que si Mayence, sa patrie, n'eût pas été une ville libre, ce jeune gentilhomme n'aurait pas pu y concevoir ou y exécuter son invention. Le despotisme, comme la superstition, impose le silence; il aurait étouffé l'écho universel et irrésistible que le génie de l'homme méditait de créer à la parole.

L'imprimerie et la liberté devaient naître du même sol et du même air.

Mayence, Strasbourg, Worms et d'autres villes municipales du Rhin, se gouvernaient alors, sous la suzeraineté de l'empire, en petites républiques fédératives, comme Florence, Gênes, Venise et les autres républiques d'Italie.

La noblesse guerriere, la bourgeoisie grandissante, et le peuple laborieux flottant entre les deux classes qui le caressaient ou l'opprimaient tour à tour, s'y disputaient de temps en temps, comme partout, la supériorité. Des accès de guerres civiles suscitées par des vanités ou des intérêts, et dans lesquelles la victoire restait tantôt aux patriciens, tantôt aux plébéiens, tantôt aux prolétaires, y faisaient tour à tour des vaincus, des vainqueurs et des proscrits. C'est l'histoire de toutes les villes, de toutes les républiques et de tous les empires. Mayence était une miniature de Rome ou d'Athènes. Seulement, les proscrits n'avaient pas les mers à traverser pour fuir leur patrie; ils sortaient des murs, ils traversaient le Rhin, ceux de Strasbourg allant à Mayence, ceux de Mayence à Strasbourg, et ils attendaient un retour de fortune à leur parti ou un rappel de leurs concitoyens.

VII

Le jeune Gutenberg, dans ces querelles intestines de Mayence, gentilhomme lui-même et combattant naturellement pour la cause la plus sainte aux yeux d'un fils, pour celle d'un père, fut vaincu par la bourgeoisie et proscrit, avec tous les chevaliers de sa famille, hors du territoire de Mayence. Sa mère et ses sœurs y restèrent seules en possession de leurs biens, comme des victimes innocentes à qui on n'imputait pas le crime de leur noblesse. Son premier exil ne fut pas long, la paix fut scellée par le retour des proscrits. Une vaine querelle de préséance dans les cérémonies publiques, à l'occasion de l'entrée solennelle de l'empereur Robert, accompagné de l'archevêque Conrad à Mayence, ayant ranimé les rivalités des classes en 1420, le jeune Gutenberg subit à dix-neuf ans son second exil.

La ville libre de Francfort s'offrit cette fois pour médiatrice entre les nobles et les plébéiens de Mayence, et obtint leur rentrée à des conditions d'égalité des patriciens et des bourgeois dans la magistrature du gouvernement. Mais Gutenberg, soit que sa valeur dans la guerre civile l'eût rendu plus redoutable et plus hostile à la bourgeoisie, soit que son orgueil, nourri des traditions de sa race, supportât impatiemment le poids des plébéiens, soit plutôt que dix ans d'exil et d'études à Strasbourg dussent déjà tourner ses pensées vers un but plus noble que de vains honneurs dans une république municipale, refusa de rentrer dans sa patrie.

Sa mère, qui veillait à Mayence sur son fils, demanda à la république qu'on lui fît au moins toucher comme pension une modique partie du revenu de ses biens confisqués. La république répondit que le refus de rentrer dans sa patrie était de la part du jeune patricien une déclaration de guerre et qu'elle ne soldait pas ses ennemis. Gutenberg, obstiné dans son exil volontaire et dans son dédain, vécut des secours cachés de sa mère.

Mais il jouissait déjà à Strasbourg d'une si haute popularité pour son caractère et pour ses études, qu'un jour, le premier magistrat de Mayence ayant passé par le territoire de Strasbourg, les amis de Gutenberg l'arrêtèrent, l'enfermèrent dans un château et ne consentirent à lui rendre la liberté qu'après que la ville de Mayence eut signé un traité qui rendait son patrimoine à son proscrit.

Ainsi ce jeune homme, ce grand tribun de l'esprit humain, qui allait par son invention détruire à jamais les préjugés de race et rendre avec le temps la liberté et l'égalité civiles à tous les blébéiens de l'univers, commençait sa vie, encore ignorée, par des combats de castes contre le peuple, à la tête des patriciens de sa patrie. La fortune semblait se plaire à ces contrastes. Mais la raison de Gutenberg, croissant avec l'âge, allait jeter dans les bras l'un de l'autre ce peuple et ce patricien qui se regardaient en ennemis.

VIII

La restitution de ses biens permit au jeune Gutenberg de satisfaire ses goûts littéraires, religieux et artistiques, en voyageant de ville en ville pour y étudier les monuments et pour y visiter les hommes de toutes les conditions, célèbres par leur science, leur art ou même leur métier. Alors les artisans tenaient en Allemagne presque le même rang que les artistes. C'était l'époque où les métiers, à peine découverts, se confondaient avec les arts, et où les plus humbles professions enfantaient leurs premiers chefs-d'œuvre, qu'on admirait, à cause de la nouveauté, comme des prodiges.

Gutenberg voyageait seul, à pied, la valise qui contenait ses habits et ses livres sur le dos comme un simple étudiant qui visite les écoles, ou comme un artisan qui cherche un maître.

Il parcourut ainsi les bords du Rhin, l'Italie, la Suisse, l'Allemagne, enfin la Hollande, non sans but, non en homme qui laisse errer son imagination au caprice de ses pas, mais portant partout avec lui sa pensée fixe, comme une volonté immuable conduite par un pressentiment.

Cette étoile, c'était sa pensée de répandre avec la Bible la parole de Dieu sur un plus grand nombre d'âmes. Ainsi c'était la religion qui, dans ce jeune apôtre ambulant, cherchait le van pour répandre une seule semence sur la terre et qui allait trouver le semoir pour mille autres graines. Il est glorieux pour l'imprimerie d'avoir été donnée au monde par la religion, et non par l'industrie. Le zèle seul était digne d'enfanter l'instrument de toute vérité.

On ignore quels procédés mécaniques Gutenberg combinait jusque-là dans sa pensée. Mais un hasard les effaça tous et le rapprocha instantanément de sa découverte. Un jour, à Haarlem, en Hollande, le sacristain de la cathédrale, nommé Laurent Koster, avec lequel il s'était lié d'une amitié curieuse, lui fit admirer dans la sacristie une grammaire latine ingénieusement reproduite par des caractères taillés sur une planche de bois pour l'instruction des séminaristes. Un hasard, ce révélateur gratuit, avait enfanté cette ébauche d'imprimerie.

IX

Le jeune et pauvre sacristain d'Haarlem était amoureux. En allant se promener et rêver au printemps, les jours de fête, hors de la ville, il s'asseyait sous les saules, au bord des canaux. Le cœur plein de l'image de sa fiancée, il se complaisait, comme tous les amants, à graver à l'aide de son couteau la première lettre du nom de sa maîtresse et la première lettre de son propre nom, entrelacées ensemble en symbole rustique de l'union de leurs âmes et de l'enlacement de leurs destinées. Mais, au lieu de laisser ces lettres gravées sur l'écorce pour grandir avec l'arbre, ainsi qu'on voit au bord des forêts et des ruisseaux tant de chiffres mystérieux, il sculptait ces lettres amoureuses sur de petits morceaux de saule dépouillés de leur écorce et tout suants encore de l'humidité de leur sève printanière, puis il les rapportait, comme un souvenir de ses rêves et comme un monument de sa tendresse, à celle qu'il aimait.

Un jour, ayant ainsi taillé ces lettres dans le bois vert apparemment avec plus d'art et de perfection qu'à l'ordinaire, il enveloppa son petit chef-d'œuvre d'une feuille de parchemin et le rapporta à Haarlem. En dépliant, le lendemain, la feuille, il fut tout étonné de voir son chiffre parfaitement reproduit en bistre sur le parchemin par le relief des lettres, dont la sève avait sué pendant la nuit et reproduit leur image sur la feuille. Ce fut pour lui une révélation.

Il tailla en bois d'autres lettres sur un large plateau, remplaça la séve par une liqueur noire et obtint ainsi cette première planche d'imprimerie. Mais elle ne pouvait imprimer qu'une seule page. La mobilité et la combinaison infinie des caractères qui les multiplient à la proportion infinie des besoins de la parole écrite y manquaient.

Le procédé du pauvre sacristain Koster aurait couvert la surface de la terre de planches taillées en creux ou en relief, qu'il n'aurait pas remplacé un seul casier d'imprimerie mobile. Néanmoins le principe de l'art était éclos dans la sacristie d'Haarlem, et l'on pourrait hésiter à attribuer la gloire à Koster ou à Gutenberg, si dans l'un l'invention tout accidentelle n'avait pas été un don de l'amour et du hasard, et dans l'autre une conquête de la patience et du génie!

X

Cependant, à l'aspect de cette planche grossière, l'éclair jaillit du nuage pour Gutenberg. Il contemple la planche, il l'analyse, il la décompose, il la recompose, il la modifie, il la disloque, il la rajuste, il la renverse, il l'enduit d'encre, il l'applique, il la presse par une vis dans sa pensée. Le sacristain, étonné de son long silence, assiste à son insu à cette éclosion d'une idée couvée en vain depuis dix ans dans le cerveau de son visiteur : et, quand Gutenberg se retire, il emporte tout un art avec lui.

XI

Le lendemain, comme un homme qui possède un trésor et qui n'a ni repos ni sommeil avant de l'avoir déposé en secret, Gutenberg quitte Haarlem, remonte à grands pas les bords du Rhin, arrive à Strasbourg, s'enferme dans son laboratoire, se façonne lui-même ses outils, tente, brise, ébauche, rejette, reprend, rejette encore, pour les recommencer, ses épreuves, et finit par exécuter enfin une ébauche heureuse d'impression sur parchemin avec des caractères mobiles en bois percés latéralement d'un petit trou, enfilés et rapprochés par un fil comme les grains d'un chapelet cubique, dont une face portera une lettre en relief de son alphabet.

Premier alphabet, grossier, mais sublime; ébauche de vingt-quatre lettres qui se multiplient comme les brebis du patriarche et qui finiront par couvrir le globe de caractères où s'incarnera tout un élément nouveau et immatériel, la pensée!

XI

L'enthousiasme de son succès s'empara de lui; il s'endormit avec peine la nuit suivante. Dans son sommeil troublé et imparfait, il eut un rêve. Ce rêve, il le raconta ensuite à ses amis. Ce rêve était si prophétique et si près de la vérité, qu'on peut douter en le lisant si ce n'était pas autant le pressentiment réfléchi d'un sage éveillé que le songe fiévreux d'un artisan endormi.

Voici le récit ou la légende de ce rêve, telle qu'elle est conservée dans la bibliothèque du conseiller aulique Beck :

« Dans une cellule du cloître d'Arbogaste, un homme au front pâle, à la barbe longue, au regard fixe, se tenait devant une table, la tête dans sa main, cet homme s'appelait Jean Gutenberg. Parfois il levait la tête, et ses yeux brillaient comme illuminés d'une clarté intérieure. Dans ces instants, Jean passait ses doigts dans sa barbe avec un mouvement rapide de joie : c'est que l'ermite de la cellule cherchait un problème dont il entrevoyait la solution. Soudain Gutenberg se lève, et un cri sort de sa poitrine: c'était comme le soulagement d'une pensée longtemps comprimée.

» Jean court vers un bahut, l'ouvre et en tire un instrument tranchant; puis, en proie à des mouvements saccadés, il se met à découper un petit morceau de bois. Dans tous ses mouvements il y avait de la joie et de l'anxiété, comme s'il craignait de voir s'échapper son idée, diamant qu'il avait trouvé et qu'il voulait fixer et tailler pour la postérité.

» Jean taillait rudement et avec une activité fébrile; son front se couvrait de gouttes de sueur, tandis que ses yeux suivaient avec ardeur le progrès de son travail. Il travailla ainsi longtemps, mais ce temps lui parut court.

» Enfin il trempe le bois dans une liqueur noirâtre, le pose sur un parchemin, et, pesant de tout le poids de son corps sur sa main, il s'en sert comme d'une presse, il imprime la première lettre qu'il avait taillée en relief. Il contemple son œuvre, et un second cri, plein de l'extase du génie satisfait, s'exhale de sa bouche. Il ferme les yeux avec un air de béatitude telle que les saints du paradis pouvaient en être jaloux, et tombe épuisé sur un escabeau.

» Quand le sommeil s'empara de lui, il murmurait :

» — Je suis immortel !

» Alors il eut un songe qui troubla son âme.

» J'entendis deux voix, dit-il, deux voix inconnues et d'un timbre différent, qui me parlaient alternativement dans l'âme. L'une me dit :

» Réjouis-toi, Jean ; tu es immortel ! Désormais toute lumière se répandra par toi dans le monde ! Les peuples qui vivent à des milliers de lieues de toi, étrangers aux pensées de notre pays, liront et comprendront toutes les pensées, aujourd'hui muettes, répandues et multipliées comme la réverbération du feu par toi, par ton œuvre ! Réjouis-toi, Jean, tu es immortel ; car tu es l'interprète qu'attendaient les nations pour converser entre elles ! Tu es immortel, car ta découverte va donner la vie perpétuelle aux génies qui seraient morts-nés sans toi et qui tous par reconnaissance proclameront à leur tour l'immortalité de celui qui les immortalise !

» La voix se tut et me laissa dans le délire de la gloire. J'entendis l'autre voix. Elle me dit :

» Oui, Jean, tu es immortel ! Mais à quel prix ? La pensée de tes semblables est-elle donc toujours assez pure et assez sainte pour mériter d'être livrée aux oreilles et aux yeux du genre humain ? N'y en a-t-il pas beaucoup, et le plus grand nombre peut-être, qui mériteraient mille fois d'être anéanties et étouffées plutôt que répétées et multipliées dans le monde? L'homme est plus souvent pervers que sage et bon : il profanera le don que tu lui fais, il abusera du sens nouveau que tu lui crées. Plus d'un siècle, au lieu de te bénir, te maudira. Des hommes naîtront dont l'esprit sera puissant et séducteur, mais dont le cœur sera superbe et corrompu. Sans toi, ils seraient restés dans l'ombre; enfermés dans un cercle étroit, il n'auraient porté malheur qu'à leurs proches et à leurs jours; par toi, ils porteront vertige, malheur et crime à tous les hommes et à tous les âges. Vois ces milliers d'âmes corrompues de la corruption d'une seule! Vois ces jeunes hommes pervertis par des livres dont les pages distillent les poisons de l'esprit ! Vois ces jeunes filles devenues immodestes, infidèles et dures aux pauvres, par ces livres où on leur versera les poisons du cœur ! Vois ces pères rougissant de leurs filles ! Jean, l'immortalité qui coûte tant de larmes et d'angoisses n'est-elle pas trop chère ? Envies-tu la gloire à ce prix ? N'es-tu pas épouvanté, Jean, de la responsabilité que cette gloire fera peser sur ton âme ? Crois-moi, Jean : vis comme si tu n'avais rien découvert. Regarde ton invention comme un rêve séduisant, mais funeste, dont l'exécution ne serait utile et sainte que si l'homme était bon... Mais l'homme est méchant, et prêter des armes aux méchants, n'est-ce pas participer soi-même à leurs crimes? »

« Je me réveillai dans l'horreur du doute! J'hésitai un instant; mais je considérai que les dons de Dieu, bien qu'ils fussent quelquefois périlleux, n'étaient jamais mauvais, et que donner un instrument de plus à la raison et à la noble liberté humaine, c'était donner un champ plus vaste à l'intelligence et à la vertu, toutes deux divines. Je poursuivis l'exécution de ma découverte. » (*Songe traduit par M. Garand, à Strasbourg, d'après l'original.*)

XIII

Gutenberg, embrassant d'un premier coup d'œil l'immense portée morale et industrielle de son invention, sentit que sa faible main, sa courte vie et sa modique fortune s'useraient en vain à une pareille œuvre.

Il éprouvait à la fois deux nécessités contradictoires : la nécessité de s'associer des auxiliaires dans ses dépenses et dans ses travaux mécaniques, et la nécessité de dérober à ses associés le secret et le véritable but de leurs travaux, de peur que son invention divulguée ou usurpée ne lui enlevât la gloire de l'invention.

Il jeta les yeux sur les nobles et riches patriciens qu'il connaissait à Strasbourg et à Mayence. Mais, vraisemblablement repoussé partout à cause du préjugé qui s'attachait alors dans la noblesse au travail des mains et qui ne permettait pas au noble de devenir artisan sans déroger, il fut obligé de déroger hardiment lui-même, de se faire artisan, de s'associer aux artisans, de se confondre avec le peuple pour élever ce peuple à tous les niveaux de la moralité et de l'intelligence.

Sous prétexte de travailler en commun à des ouvrages de *merveilleuse et neuve industrie*, comme la bijouterie, l'horlogerie, la taille et l'enchâssement des pierres précieuses, il conclut un traité d'association avec deux habitants aisés de Strasbourg, André Dritzehen et Jean Riffe, bailli de Lichteneau, et plus tard avec Faust, orfèvre et banquier à Mayence, dont le nom confondu avec celui de Faust, sorcier populaire et merveilleux de l'Allemagne, familier des mystères, et confident des esprits, fit attribuer l'invention de l'imprimerie à la magie; enfin, avec Heïlman, dont le frère venait de fonder la première fabrique de papier à Strasbourg.

XIV

Afin de tromper plus longtemps ses associés sur l'objet réel de l'entreprise, Gutenberg se livra en effet, avec eux, à plusieurs industries artistiques et secondaires. Continuant en secret ses recherches mécaniques pour l'imprimerie, il travaillait en même temps en public à ces autres métiers. Il enseignait à Dritzehen l'art de tailler les pierres précieuses ; il polissait lui-même le verre de Venise pour en faire des glaces ; il taillait ces glaces en facettes ; il les enchâssait dans des cadres de cuivre, qu'il enrichissait de figurines de bois représentant des personnages de la Fable, de la Bible ou de l'Évangile.

Ces miroirs, qui se vendaient à la foire d'Aix-la-Chapelle, alimentaient les fonds de l'association et aidaient Gutenberg dans les dépenses secrètes destinées à accomplir et à perfectionner son invention. Pour mieux la dérober encore à l'inquiète curiosité du public qui commençait à murmurer des soupçons de sorcellerie contre lui, Gutenberg sortit de la ville ; il établit ses ateliers dans les ruines d'un vieux monastère abandonné, qu'on appelait le couvent de Saint-Arbogaste. La solitude du lieu, qui n'était habité que par des indigents des faubourgs, couvrit ses premiers essais.

Au fond des vastes cloîtres du monastère livré à ses associés pour leurs travaux moins cachés, Gutenberg s'était réservé à lui seul une cellule, toujours fermée de serrures et de verroux, où nul ne pénétrait jamais; il était censé y dessiner les plans, les arabesques, les figurines de sa bijouterie et de ses cadres de glace ; mais il y passait ses jours et ses nuits à se consumer d'insomnie et d'ardeur pour l'application de sa découverte.

Il y taillait en bois ses lettres mobiles; il méditait de les fondre en métal; il cherchait laborieusement le moyen de les enchâsser dans des formes, tantôt de bois, tantôt de fer, pour en faire des mots, des phrases, des lignes, des pages espacées sur le papier.

Il y inventait des enduits colorés, à la fois huileux et secs, pour reproduire les caractères; des brosses ou des tampons pour repandre cette encre sur les lettres; des planches pour les contenir; des vis et des poids pour les comprimer.

Les mois et les années se consumaient avec sa fortune et avec les fonds des associés dans ces patiences, dans ces épreuves, dans ces succès et dans ces revers.

Enfin, ayant exécuté en miniature une *presse* qui lui parut réunir toutes les conditiions de l'imprimerie, telle qu'il la concevait alors, il cacha ce modèle sous son manteau, et, entrant dans la ville, il alla chez un habile tourneur en bois et en métal, nommé Conrad Saspach, qui demeurait au carrefour Mercier, pour le prier de l'exécuter en grand. Il recommanda le secret à l'ouvrier lui disant seulement que c'était une machine à l'aide de laquelle il se proposait d'accomplir des chefs-d'œuvre d'art et de mécanique dont on connaîtrait plus tard les prodiges.

Le tourneur, prenant, tournant, et retournant le modèle dans ses mains, avec ce sourire de dédain de l'artisan consommé pour une ébauche, lui dit d'un air un peu railleur :

— Mais c'est tout simplement un pressoir que vous me demandez là, messire Jean ?

— Oui, répondit d'un ton grave et exalté Gutenberg ; c'est un pressoir en effet, mais c'est un pressoir d'où jaillira bientôt à flots intarissables la plus abondante et la plus merveilleuse liqueur qui ait jamais coulé pour désaltérer les hommes. Par lui, Dieu répandra son Verbe ; il en découlera une source de pure vérité. Comme un nouvel astre, il dissipera les ténèbres de l'ignorance et fera luire sur les hommes une lumière inconnue jusqu'à présent.

Et il se retira.

Le tourneur qui ne comprit rien à ces paroles, exécuta la machine et la rapporta au monastère d'Arbogaste.

Ce fut la première presse.

En la remettant aux mains de Gutenberg, le tourneur commença à se douter de quelque mystère :

« — Je vois bien, messire Jean, dit-il à Gutenberg, que vous êtes réellement en commerce avec les esprits célestes ; aussi désormais je vous obéirai comme à un esprit !

XV

Aussitôt qu'il fut en possession de sa presse, Gutenberg commença à imprimer. On a peu de notions sur les premiers livres qui sortirent de sa presse ; mais le caractère profondément religieux de l'inventeur ne laisse pas de doute sur la nature des ouvrages auxquels il dut consacrer les prémices de l'art. Ce furent, selon toute certitude, des livres sacrés.

L'art inventé pour Dieu et par l'inspiration de Dieu commença par Dieu. Les impressions postérieures de Mayence l'attestent: les chants divins des Psaumes et la célèbre Bible latine furent, à Mayence, les premières pages qui tombèrent de la machine inventée par Gutenberg et appliquée à l'usage des plus pieuses facultés humaines, l'enthousiasme lyrique pour son créateur et le gémissement terrestre sur ses destinées. La louange et la prière furent, sous les mains de cet homme pieux et malheureux, les deux premiers cris de la presse. Elle doit s'en glorifier à jamais.

On manque de détails, même à Strasbourg et à Mayence où nous les avons recherchés, sur ces premières impressions authentiques, parce que, soit par humilité, soit par orgueil, Gutenberg ne fit porter son nom à aucune de ces œuvres de typographie.

Les uns croient qu'il s'abstint de les signer par un sentiment de modestie chrétienne, qui ne voulait pas attribuer à un nom d'homme une gloire qu'il renvoyait tout entière au divin inspirateur de son invention ; les autres pensent qu'il ne les signa pas parce que ces impressions étaient une œuvre industrielle et servile aux yeux de son temps, qui aurait dégradé sa famille et sa noblesse, et l'aurait fait déroger de son rang dans la patrie.

Nous savons seulement, par un acte de donation fait à sa sœur Hebele, religieuse au couvent de Sainte-Claire de Mayence, qu'il la mit en possession des livres pieux qu'il avait imprimés à Strasbourg, et lui fit la promesse de lui envoyer successivement tous ceux qui sortiraient de sa presse.

Mais bien des tribulations l'attendaient au lendemain de son triomphe. On a vu que la nécessité de se procurer des fonds pour son entreprise l'avait forcé à se donner des associés. La nécessité ensuite de se donner des auxiliaires dans les travaux multipliés d'une grande imprimerie l'avait obligé à mettre ces associés et un plus grand nombre d'artisans dans la confidence de son œuvre et dans le secret même de ses procédés.

Ses associés, lassés de fournir des fonds à une entreprise qui, faute de consommation, ne les rémunérait pas encore, refusèrent de poursuivre une œuvre ingrate. Gutenberg les conjura de ne pas l'abandonner au moment même où il touchait à la fortune et déjà à la gloire. Ils ne consentirent à lui fournir de nouveaux subsides qu'à la condition d'entrer en participation complète de tous ces mystères, de tous ses bénéfices, de toute sa propritété et de toute sa gloire.

Pour le succès de l'œuvre, il leur vendit sa renommée. Le nom de Gutenberg disparut, l'association absorba l'inventeur, il ne fut bientôt plus qu'un des artisans de son propre atelier.

C'est ainsi que Christophe Colomb revint enchaîné sur son propre vaisseau par ses équipages à qui il avait livré un nouveau monde.

XVI

C'était peu. Les héritiers de l'un de ses associés lui intentèrent un procès pour lui disputer l'invention, la propriété, l'exploitation de l'œuvre ; ils le traînèrent devant les juges de Strasbourg pour le faire condamner à l'on ne sait quelle spoliation plus authentique et plus juridique que la spoliation volontaire à laquelle il s'était condamné lui-même.

Sa perplexité devant le tribunal fut extrême. Pour se justifier, il fallait entrer dans des détails techniques de son art, qu'il ne voulait pas encore complètement divulguer, se réservant au moins à lui-même le mystère de ses espérances.

Les juges, curieux, le pressaient de questions insidieuses, qui par les réponses auraient fait éclater le secret de tous ses procédés.

Il les éludait, préférant la condamnation à la vulgarisation de son art.

Les juges, pour parvenir à éventer la découverte qui préoccupait l'imagination du peuple, citèrent ses ouvriers les plus affidès et les sommèrent de porter témoignage de ce qu'ils savaient.

Ces hommes, simples mais fidèles, et profondément attachés à Gutenberg, se refusèrent à rien révéler.

La propriété de leur maître resta plus en sûreté dans leur cœur que dans ceux de ses avides associés. Rien ne transpira des derniers mystères de l'art.

Gutenberg, ruiné, condamné, peut-être expulsé, se retira seul et indigent à Mayence, sa patrie, pour y recommencer ses travaux et pour y reconstruire sa vie et sa gloire.

Il était encore jeune, et le bruit de son

procès à Strasbourg avait popularisé sa renommée en Allemagne; mais il rentrait artisan dans une patrie d'où il était sorti chevalier. L'humiliation, l'indigence et la gloire luttaient dans sa destinée et dans les regards de ses concitoyens. L'amour seul le reconnut pour ce qu'il avait été et pour ce qu'il devait être un jour.

XVII

Voici ce que disent à cet égard les traditions locales et ce qu'attestent deux monuments authentiques des archives de la cathédrale de Strasbourg de l'année 1437, l'un qui constate que dame Annette de la Porte de Fer, épouse de Gutenberg, fit un don à la cathédrale pour acquérir le droit d'inscrire son nom sur la liste des bienfaiteurs, et assurer ainsi des prières pour elle et ses descendants; l'autre qui fait mention de son décès.

Gutenberg, proscrit pour la seconde fois par les plébéiens vainqueurs de la noblesse, fut aimé d'une jeune fille, noble comme lui, de la ville de Strasbourg. Elle se nommait Annette de la Porte de Fer, nom de sa maison, emprunté sans doute à la possession de quelque château féodal des rochers du Rhin.

Il l'aimait lui-même avec la passion ardente, sérieuse et chevaleresque de ces temps de fidélité. Ils s'étaient promis mutuellement et par écrit mariage.

Annette de la Porte de Fer ne s'était pas

crue déliée de sa foi donnée, par la pauvreté et par les malheurs de son amant; elle lui gardait sa jeunesse, sa beauté et son cœur.

Gutenberg, à son retour sur le territoire de Mayence, devait réclamer la foi de sa fiancée et retirer le gage de sa propre foi qu'il lui avait ainsi jurée; il ne le fit pas. Soit qu'il craignît d'entraîner Annette, fille noble et honorée, dans l'humiliation et dans l'indigence où il était tombé, soit que le sentiment d'avoir dérogé par ses travaux d'artisan à l'illustration féodale de sa race le rendît indigne désormais, à ses propres yeux, d'aspirer à un noble sang, Gutenberg ne revendiqua pas la foi promise et n'offrit pas de dégager la sienne ; il attendait la réhabilitation et de meilleurs jours à faire partager à celle qu'il aimait.

Son humilité et ses scrupules résistèrent aux plus tendres instances de sa fiancée et ne purent être vaincus que par une sommation juridique, faite devant l'officialité de Strasbourg, de tenir la promesse de mariage qu'il avait autrefois jurée.

Cette sommation d'Annette de la Porte de Fer à son amant existe encore aujourd'hui comme le seul monument authentique de son mariage.

Gutenberg céda enfin à cette généreuse violence de l'amour ; il épousa Annette. Leurs enfants ne vécurent pas.

L'héritage et l'héritier des grands hommes, c'est leur invention et le genre humain.

Après la décision des juges du procès, en 1439, qui laissait Gutenberg maître de son secret, le condamnant seulement à payer une indemnité aux héritiers d'André Dritzehen, il abandonna les cloîtres du monastère de Saint-Arbogaste et rentra dans la ville de Strasbourg ; il habita alors la maison de Thiergarten et y établit sa première imprimerie.

Il est peut-être curieux de remarquer que l'emplacement de cette maison est maintenant l'emplacement du Lycée, comme si ce lieu eût été désigné d'avance pour un grand dessein, et qu'après avoir fixé les sciences par la typographie, il eût été destiné à les propager par l'enseignement.

Lorsque Gutenberg fut contraint de quitter Strasbourg en 1446, il y laissa les traditions de son art dans les collaborateurs et les ouvriers initiés à sa découverte et à ses procédés ; nous trouvons Mentel ou Metelin, notaire public, qui ne se fit naturaliser bourgeois de Strabourg qu'en 1447, et d'Eckstein, chanoine de la cathédrale, qui, aidés des fonds fournis par le couvent des Chartreux, et sans avoir travaillé eux-mêmes à cet art si peu connu alors, s'établissent typographes et procèdent avec la plus grande célérité à imprimer, à mettre au jour une Bible allemande.

Plusieurs autres ouvrages paraissent successivement, signés de l'imprimerie de Mentel, qui fit une fortune rapide, tandis que le malheureux Gutenberg, chassé par la misère, rentrait fugitif à Mayence.

La fortune qui avait accru l'influence de Mentel, et la rivalité qui subsistait entre les villes indépendantes de Mayence et de Strasbourg, favorisèrent ses désirs ambitieux de substituer son nom à celui de Gutenberg. Il y réusssit si complétement qu'en peu d'années Gutenberg fut oublié ou volontairement écarté, Mentel proclamé à Strasbourg inventeur de l'*art divin*, et des fêtes instituées en son honneur.

XVIII

De retour à Mayence, et relevé de l'humiliation et de la ruine par la main d'une femme aimée, comme Mahomet par sa première épouse, Gutenberg se donna tout entier à son art, s'associa Faust et Schœffer, gendre de Faust, établit ses ateliers à Mayence, et y publia, toujours sous le nom de ses associés, des Bibles et des Psautiers d'une admirable pureté de caractère.

Schœffer avait longtemps fait le métier de calligraphe et le commerce des manuscrits à Paris. Ses voyages et la fréquentation des artistes de cette ville lui avaient fait connaître des procédés mécaniques pour l'emploi des métaux qui, appliqués par lui à l'imprimerie à son retour à Mayence, lui fournirent les moyens nouveaux de fondre en plomb les lettres mobiles dans des matrices en cuivre avec plus de précision, et à donner ainsi une netteté parfaite aux caractères.

Ce fut avec ce nouveau procédé que le Psautier, le premier livre qui porte sa date, fut imprimé en 1457. Bientôt après, la Bible de Mayence, reconnue chef-d'œuvre de l'art, fut exécutée sous la direction de Gutenberg, avec des caractères fondus par le procédé de Pierre Schœffer.

La portée du nouvel art, qui débutait par la vulgarisation des livres sacrés sous les auspices seuls de l'Église, échappa pendant les premières années à la cour de Rome; elle vit des auxiliaires là où elle devait voir bientôt des agresseurs.

« Au nombre des bienfaits dont il convient sous votre pontificat de louer Dieu, dit une dédicace du temps de Paul II, souverain pontife, est cette invention qui permet aux plus pauvres de pouvoir acheter des bibliothèques à bas prix. N'est-il pas infiniment glorieux pour Votre Sainteté que des volumes qui coûtaient jadis cent pièces d'or, n'en coûtent plus que quatre et même moins, et que les fruits du génie, naguère la proie des vers sous la poussière où ils étaient ensevelis, commencent, sous votre règne, à ressusciter et à se répandre à profusion sur la terre ? »

Bientôt la ville de Venise prêta ses presses aux controverses religieuses, et les œuvres de Jean Hus furent imprimées en langue slave dès 1490,, à peine vingt ans après la mort de Gutenberg. Mais déjà la France, en 1480, avait encouragé les imprimeurs allemands à se fixer à Paris. Louis XI surtout se signala par l'accueil éclairé qu'il accorda à la typographie et les encouragements généreux qu'il fit à cet art nouveau.

Une accusation fut intentée à Paris contre Faust pour avoir vendu des Bibles imprimées, ornées de vignettes, comme manuscrits, à des prix exorbitants, et il existe une quittance signée de lui, à Paris, en 1468, d'un exemplaire d'un ouvrage de saint Thomas d'Aquin, vendu au prix énorme de quinze écus d'or.

Le parlement de Paris, sous l'inspiration de Louis XI, déchargea Faust de toute accusation, attendu que ces livres étaient le produit d'une nouvelle invention inconnue encore à Paris. Le roi se désista même de son droit d'aubaine, à l'occasion de la mort de

Herman Statters, qui vendit à Paris les livres imprimés par Schœffer, lesquels étaient, selon la loi de ce temps, la propriété de la couronne, par le décès d'un étranger :

« En considération, porte l'ordonnance, de l'utilité qui vient et peut venir à la chose publique de l'art d'impression, tant pour l'augmentation de la science qu'autrement, etc., etc., nous sommes libéralement condescendus de faire restituer la somme de 2,428 écus et 3 sols tournois aux héritiers, etc..... »

Les œuvres de Cicéron furent le premier livre imprimé après les livres sacrés

On ne songea pas avant Léon X, c'est-à-dire un siècle après l'invention de Gutenberg, à réglementer et à enchaîner l'imprimerie.

XIX

Cependant le banquier Faust et l'artisan Schœffer, les deux nouveaux collaborateurs de Gutenberg, ne tardèrent pas à succomber, comme Mentel ou Mentelin à Strasbourg, à la tentation de s'approprier insensiblement sa gloire, la plus tentatrice des propriétés, parce qu'elle est immortelle. Ils espérèrent comme tant d'autres, tromper l'avenir, s'ils ne trompaient pas leur temps.

Après avoir reconnu, dans une première épître dédicatoire du Tite-Live, traduit en allemand, imprimé par Jean Schœffer, et offert à l'empereur Maximilien, « que l'art de l'imprimerie a été inventé à Mayence par le sublime mécanicien Jean de Gutenberg,» ils oublient ce premier aveu et ils usurpent pour eux-mêmes, sept ans après, tout le mérite et tout l'honneur de la découverte.

L'empereur Maximilien, peu de temps après, assimilant les imprimeurs et les compositeurs à une sorte de sacerdoce de l'esprit, les releva de toute dérogation à leur noblesse par leur noble métier. Il anoblit en masse l'art et les artistes ; il les autorisa à porter des robes brodées d'or et d'argent, que les nobles seuls avaient le droit de porter ; il leur donna pour armoiries un aigle aux ailes étendues sur le globe, symbole du vol et de la conquête de la parole écrite sur l'univers.

XX

Mais déjà Gutenberg n'était plus sur la terre pour y jouir de cette possession du monde intellectuel, religieux et politique, qu'il avait entrevue seulement, comme Moïse, du haut de ses visions dans le rêve du monastère de Saint-Arbogaste.

Dépouillé par ses collaborateurs de sa propriété et de sa gloire, expulsé une dernière fois de sa patrie par la misère, consolé seulement et suivi par sa femme fidèle à toutes ses vicissitudes, privé de ses enfants par la mort, déjà vieux, sans pain, et bientôt sans famille par la mort de sa femme, il fut recueilli par l'Électeur de Nassau, le généreux Adolphe.

L'Électeur le nomma son conseiller d'État et son chambellan, afin de jouir dans une honorable familiarité de l'entretien de ce merveilleux génie qui devait converser plus tard avec tous les lieux et tous les temps.

Cet asile donné à Gutenberg illustre à jamais Nassau et son prince. Il y a dans l'histoire des hospitalités qui portent bonheur et immortalité aux plus petits princes et aux plus petits États.

Gutenberg continua à imprimer de ses propres mains, à Nassau, sous les yeux de l'Electeur, son Mécène, pendant quelques années de sérénité et de paix; puis il mourut à soixante-quatre ans, ne laissant à sa sœur aucun héritage, mais laissant au monde l'empire de l'esprit humain découvert et conquis par un artisan.

« Je lègue, dit-il dans son testament, à ma sœur tous les livres imprimés par moi au monastère de Saint-Arbogaste. »

Pauvre inventeur qui n'avait à léguer à celle qui lui survivait que la richesse de presque tous les inventeurs comme lui, sa jeunesse consumée, sa vie persécutée, son nom méconnu, ses sueurs, ses insomnies, et l'oubli de ses contemporains!

XXI

Ainsi vécut et mourut ce grand homme, mais son art ne mourait pas avec lui.

L'imprimerie se propagea aussitôt après sa mort avec l'instantanéité d'une explosion.

Il y eut en peu d'années des presses dans toutes les capitales de l'Europe.

Ce fut la date de la civilisation renaissante et indéfinie.

La France sous Louis XI, l'Angleterre, la Hollande, l'Allemagne. Venise, Genève, Rome, la Pologne, s'emparèrent à l'envi de l'invention nouvelle pour multiplier leurs livres sacrés et les livres profanes.

L'Orient connut cet art nouveau par des juifs réfugiés à Constantinople, qui imprimèrent des traités de littérature rabbinique en 1500.

Mais les musulmans ne s'en servirent eux-mêmes que vers le dix-huitième siècle.

Enfin la Russie, sous l'inspection du métropolitain, établit une presse à Moscou, en 1580, à l'aide des ouvriers venus de Magdebourg.

XXII

Il semble que chaque progès de l'humanité doive s'acheter par des larmes, que la souffrance soit la loi fatale de toute grande initiation.

L'imprimerie avait eu ses apôtres, elle eut aussi ses martyrs. De tous, Étienne Dolet fut le plus illustre par l'éclat de son talent, la pureté de sa vie, l'atrocité de son supplice. Il naquit à Lyon en 1509, au moment de la renaissance intellectuelle et littéraire, quand les controverses religieuses allaient aussi commencer leurs premières luttes; il était savant comme Guillaume Budé, poëte comme Marot, et peut-être philosophe comme Rabelais, sans mêler toutefois à sa philosophie le licencieux scepticisme du curé de Meudon. Ce qui pourrait le faire croire, c'est que cet homme ardent et fougueux, qui ne marchandait pas ses opinions, qui avait pris pour armes parlantes et pour symbole de l'action de l'imprimerie une hache ou *doloire* attaquant un arbre noueux, protestait contre les doctrines de Luther, bien qu'on l'ait condamné comme athée.

C'était, à ce qu'il semble, le raisonnement et l'homme que ses adversaires voulaient frapper en lui plutôt encore que les croyances.

Dans ces temps de passions et de mœurs violentes, la vie de ceux qui consacraient leurs forces aux développements de l'intelligence humaine était un long duel dans lequel tôt ou tard il fallait succomber.

Successivement étudiant à Paris, puis a Padoue, secrétaire de Jean de Lauzeac, ambassadeur du roi de France à Venise, étudiant en droit à la faculté de Toulouse, Étienne Dolet n'avait pas vingt-quatre ans que déjà, pour dernier argument de leurs discussions, ses ennemis le faisaient jeter dans un cachot. L'intercession de Jean

Pinus, évêque de Rieux, l'en tirait bientôt. Mais alors des assassins gagés commettaient des entreprises sur sa vie ; et comme, malgré ses dangers, l'intrépide jeune homme ne quittait point Toulouse, on fit intervenir enfin un arrêt du parlement qui l'en bannit (1533). Dolet revint alors à Lyon, où il obtint, après de longs efforts (1535), un privilége pour imprimer *ses Commentaires sur la langue latine*, œuvre d'immense érudition qui le met au niveau des Bembo, des Scaliger et des Érasme, et qui lui fit tenir une place brillante dans le grand tournoi ouvert alors au sujet de Cicéron.

On voit ces belles études troublées par une tentative nouvelle d'assassinat sur Dolet qui tua bravement son agresseur. C'était du moins un prétexte aux animosités qui poursuivaient sa perte, et on l'incarcéra comme assassin. Il ne fallut rien moins, pour le faire sortir de sa prison, que la volonté absolue de François Ier, intéressé à Dolet par son talent d'abord, et, à ce qu'il paraît aussi, par la protection de la reine de Navarre. La munificence royale donna au savant persécuté le brevet d'imprimeur le plus étendu qui s'accordât alors, comme pour servir de dédommagement légitime à ses souffrances imméritées (1537).

C'est des presses de Dolet que sortirent successivement, depuis cette époque, les œuvres de Marot et de Rabelais ; il publiait également chaque année ses propres ouvrages et quelques-uns des livres les plus illustres de l'antiquité. Des persécutions nouvelles vinrent en 1542 interrompre ses travaux; de vagues accusations d'hérésie le firent détenir quinze mois à la Conciergerie de Paris.

François Ier n'était plus jeune, il faiblissait dans sa glorieuse protection des lettres. Un beau livre, une œuvre d'art ne suffisait plus à protéger un artiste contre ses conseillers fanatiques.

Robert Etienne et Marot avaient quitté la France.

Sûr de sa conscience et toujours aventureux, Dolet ne voulut pas les imiter.

En vain le parlement de Paris faisait encore brûler ses livres, après avoir été contraint de le relâcher lui-même en présence de l'inanité par trop évidente des accusations qui l'avaient chargé.

Il ne désertait point la lutte, et l'écrivain vengeait le libraire. Rentré dans Lyon, il publie des poëmes sur sa captivité et une traduction des *Dialogues* de Platon. Cette énergie allait à la fin lui devenir fatale.

En 1544 il était emprisonné de nouveau. Se méfiant cette fois de la partialité de ses juges, il parvint à s'échapper et à s'enfuir en Piémont. Mais bientôt l'amour de son art le ramena au piége où il devait se prendre.

Il avait écrit au roi des épîtres en vers

pour implorer une protection qui l'avait sauvé déjà; il ne put se résoudre à n'en pas surveiller l'impression lui-même.

Il rentra secrètement dans Lyon; mais ses ennemis guettaient leur proie. Arrêté, traduit devant la faculté de théologie de Paris, il se vit condamné comme athée relaps pour des passages de ses livres qu'il protesta jusqu'à trois fois n'avoir jamais écrits. Il fut mis en torture et question extraordinaire *pour enseigner ses compagnons*, comme dit l'arrêt qui le condamne; puis il fut pendu et brûlé sur la place Maubert, son corps et ses livres convertis en cendres, et ses biens confisqués.

Dolet, à trente-sept ans, mourut intrépidement ainsi qu'il avait vécu, laissant après lui dans l'indigence une femme et un enfant.

XXIII

Mais l'impulsion était donnée, et toutes ces persécutions ne pouvaient qu'illustrer l'invention nouvelle sans l'arrêter une heure. Les souverains eux-mêmes se firent gloire de graver et d'imprimer de leurs propres mains les œuvres de l'antiquité retrouvées, comme si cette participation manuelle à la vulgarisation des chefs-d'œuvre du génie les faisait participer au génie lui-même. La pensée devint reine et régna sur les rois.

Marie de Médicis, femme d'Henri IV, dessinait et imprimait des estampes pour de royales éditions. Une figure de jeune fille, gravée de sa propre main, était donnée par cette reine à Philippe de Champagne.

Louis XV, dans sa jeunesse, se faisant de ce bel art une curiosité instructive, imprimait dans son propre palais un *Traité de géographie européenne*.

Les grands imprimeurs des siècles qui suvirent celui de Gutenberg furent en même temps des artistes, des savants et des écrivains. Ils exhumèrent l'antiquité tout entière, et, en exhumant ses chefs-d'œuvre, ils les commentèrent, les expliquèrent et les interprétèrent au monde nouveau. L'histoire renaquit avec l'imprimerie.

Il y eut, depuis Gutenberg jusqu'à nos jours, des écoles, des traditions et des générations d'imprimeurs célèbres, comme il y avait eu des écoles de peintres, de sculpteurs, de philosophes.

Les typographes, honorés à juste titre du nom de compositeurs, participèrent à la gloire que leurs éditions des auteurs grecs et latins restituaient aux poëtes, aux historiens, aux orateurs de l'ancien monde ; ils firent partie, pour ainsi dire, de la famille de ces hommes de génie ; ils devinrent des puissances tour à tour honorées, redoutées, récompensées ou persécutées par les gouvernements, selon que ces gouvernements étaient plus ou moins des enfants de lumières ou de ténèbres.

Les impressions des Alde, des Morel, des Turnèbe, des Elzevir, naturalisèrent ces grands noms de la typographie dans l'univers savant par la netteté des caractères, par la correction des textes et par le nombre des ouvrages rendus aux bibliothèques.

La famille des Estienne, à Paris, occupa, pendant un siècle et demi le sommet de l'art. Protégés par les rois et surtout par François Ier; persécutés par l'Université, gardienne aussi jalouse de ses ignorances que de ses vérités ; emprisonnés par l'Église pour une édition de la Bible accusée d'erreurs; réfugiés à Genève; emprisonnés de nouveau dans cette métropole du calvinisme pour des impressions qui blessaient la réforme; rappelés en France; exilés de nouveau; transportant tour à tour leurs presses de Genève à Paris, de Paris à Genève, l'histoire de cette famille d'imprimeurs, dit M. Didot, serait celle de l'esprit humain pendant la renaissance.

Mais, durant ces cinq siècles, les procédés et les machines ne font pas faire moins de progrès à l'imprimerie que les sciences aux lettres.

L'art a, dans les Bodoni à Parme et dans les Didot à Paris, ses Phidias qui sculptent en quelque sorte pour les yeux la forme matérielle de la pensée dans des caractères et dans des ornements de luxe.

L'un des Didot invente, en 1753, la presse à un seul coup ; l'autre chante dans un poëme les progrès de son art et imprime lui-même son propre chant.

Un troisième rapporte d'Angleterre la presse en métal de lord Stanhope et la presse cylindrique, sorte d'enfantement perpétuel de caractères qui jettent la parole écrite à torrents intarissables, comme une lave de l'esprit humain, pour les journaux et pour les tribunes.

Un quatrième enfin, M. Ambroise Firmin

Didot, écrit et imprime de nos jours, sous le titre modeste d'*Essai sur la typographie*, l'histoire la plus érudite et la plus complète de l'art dont il est à la fois le maître et l'historien.

L'instruction élémentaire des masses donne des consommateurs sans borne à la parole imprimée, les chemins de fer lui ouvrent des routes, la vapeur lui prête des ailes, le télégraphe visuel lui donne des signes; enfin, l'invention récente du télégraphe électrique lui communique l'instantanéité de la foudre. Plus réellement que dans le vers célèbre sur Franklin : « *Eripuit cœlo fulmen!* » dans quelques années, un mot prononcé et reproduit sur un point quelconque

www.ingramcontent.com/pod-product-compliance
Ingram Content Group UK Ltd.
Pitfield, Milton Keynes, MK11 3LW, UK
UKHW020135220726
13923UKWH00001B/177